150 CHOSES À SAVOIR

UNE BONNE FOIS POUR TOUTES

ISBN : 978-2-412-04808-5
Dépôt légal : octobre 2019

Imprimé en France chez Laballery - 58500 Clamecy - 909336

Couverture et mise en pages : Marie-Anne Abesdris
Relecture : Anne-Lise Martin

Éditions First, un département d'Édi8
12, avenue d'Italie
75013 Paris – France
Tél. : 01 44 16 09 00
Fax : 01 44 16 09 01
E-mail : firstinfo@efirst.com
Site Internet : www.editionsfirst.fr

LOUIS-GUILLAUME KAN-LACAS

150 CHOSES À SAVOIR UNE BONNE FOIS POUR TOUTES

Sciences, histoire, culture générale : pour en finir avec les idées reçues !

FIRST
ÉDITIONS

Les **VIKINGS** portaient des casques à cornes

FAUX

C'est évident, les Vikings étaient grands, forts, blonds, barbus, portaient les cheveux longs et, fraîchement débarqués de leurs drakkars la hache à la main, attaquaient l'ennemi coiffés d'impressionnants casques à cornes. Séduisante image, malheureusement totalement folklorique !

Ces pirates scandinaves qui ont sévi du VIIIe au XIe siècle n'ont jamais porté de tels casques. Au combat, ils portaient de **gros bonnets en cuir** ou des **casques en métal**. Mais **aucune corne** !

Il pouvait leur arriver d'en mettre en de très rares occasions, uniquement lors de cérémonies religieuses, comme simple ornement.

➡ On doit cette idée fausse à **Gustav Malmström**. En 1876, il illustra une œuvre de la littérature islandaise médiévale, *La Saga de Frithiof*, et prit l'initiative de coiffer de casques à cornes certains Vikings, sans doute influencé par des chroniques antiques grecques et romaines. De même, la même année, le costumier de l'opéra de Wagner *Der Ring des Nibelungen*, **Carl Emil Doepler**, créa des casques ornés de cornes aux personnages vikings. **LA MODE ÉTAIT LANCÉE !**

L'ALCOOL réchauffe le corps

FAUX

Il fait froid. On boit quelques verres d'alcool et on se sent réchauffé. Voilà bien la preuve de son effet, pense-t-on. Sauf que cette chaleur est d'une part temporaire et d'autre part trompeuse. **Après quelques minutes, l'effet inverse se produit !**

L'alcool fournit des calories à l'organisme : en moyenne, 7 calories par gramme. Mais, surtout, il dilate les vaisseaux sanguins qui se trouvent à la surface du corps. Le sang se rapproche donc de la peau, qui devient plus rouge. Cette dilatation des vaisseaux sanguins libère de la chaleur et les terminaisons nerveuses cutanées l'enregistrent. On a moins froid.

Mais cette sensation ne dure que quelque instants. Surtout, dans le même temps, cette vasodilatation fait perdre de la chaleur au reste du corps. **L'alcool déplace simplement la chaleur de l'intérieur de l'organisme vers sa surface.**

AINSI, LA TEMPÉRATURE GÉNÉRALE DU CORPS CHUTE D'UN DEMI-DEGRÉ TOUS LES 50 GRAMMES D'ALCOOL ABSORBÉS (SOIT 5 VERRES DE 10 CENTILITRES DE VIN).

NAPOLÉON
était petit

FAUX

Pour son époque, Napoléon n'avait pas à rougir de sa taille.
Selon les *Mémoires* de Louis Marchand, son valet de chambre, il mesurait 1,68 m. Une taille confirmée à un centimètre près par le journal de bord du général Gourgaud qui, mesurant Napoléon en 1815 lors de leur voyage vers Sainte-Hélène, releva une taille de 1,69 m. Quant à un tapissier anglais chargé de prendre ses mesures à Longwood, il nota 1,70 m. Enfin, le médecin qui fit son autopsie en 1821 constata 1,68 m.

➡ Or, la taille moyenne des hommes contemporains de Napoléon se situait autour de 1,65 m. L'Empereur était donc bien petit par rapport à aujourd'hui (la taille moyenne des hommes en France est de 1,75 m) **mais pas du tout pour l'époque**, même si les membres de la Garde impériale étaient généralement plus grands que lui.

CETTE FAUSSE RÉPUTATION VIENT PROBABLEMENT DE LA TAILLE DES GÉNÉRAUX QUI L'ENTOURAIENT, DONT UN GRAND NOMBRE MESURAIT PLUS DE 1,80 M.

Le BIG BANG est une explosion

FAUX

L'idée selon laquelle le big bang, **cet instant « 0 »** de notre univers intervenu il y a 13,7 milliards d'années, serait une immense explosion ayant projeté de la matière dans un espace préalablement vide est impropre.

➡ Si le big bang a bien existé, alors il faut le comprendre comme la **naissance** même **de l'espace et du temps**. Tout l'Univers se trouvait alors concentré en un point infiniment petit, puis entra subitement dans une phase d'expansion de lui-même.

Ce modèle fut mis au point par l'astrophysicien belge **Georges Lemaître** et le physicien russe **Alexander Friedmann**. Nous serions ainsi passés de rien à quelque chose. Et depuis, ce quelque chose ne cesse d'être en expansion.

POUR L'ANECDOTE, LA FORMULE BIG BANG FUT INVENTÉE SUR LES ONDES DE LA BBC, DANS LES ANNÉES 1950, PAR UN ASTROPHYSICIEN ANGLAIS NOMMÉ FRED HOYLE POUR TOURNER EN DÉRISION UN MODÈLE COSMOLOGIQUE SELON LEQUEL IL Y EUT UNE NAISSANCE PONCTUELLE, UNE « EXPLOSION » CRÉANT L'ESPACE ET LE TEMPS.

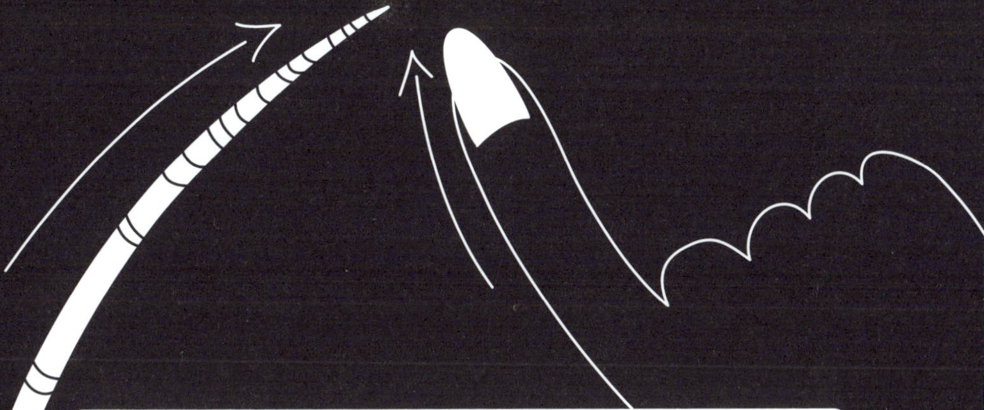

Les **CHEVEUX** et les **ONGLES** continuent de pousser après la mort

FAUX

Ni l'un ni l'autre ne croissent une fois que l'on a passé l'arme à gauche ! Pour les cheveux, la raison est très simple. Ils ont besoin de sang pour pousser. De sang, mais surtout de l'oxygène et des nutriments qu'il contient et dont il approvisionne les follicules. Or, quand on meurt, le sang ne circule plus. Plus aucun poil ne peut donc continuer de pousser. Le processus s'arrête immédiatement.

Les apparences sont donc trompeuses !

➡ On peut en effet être persuadé que les cheveux ont poussé, car à partir du décès d'une personne son corps perd de l'eau.

Conséquence : la peau se rétracte. Ainsi, on a l'impression de voir des poils plus longs. De même pour les ongles. Mais c'est uniquement la peau qui s'est rétractée, et non les poils ou les ongles qui ont grandi.

RÉMY GUILLARD, LE CHIRURGIEN PRÉSENT À BORD DU NAVIRE QUI RAMENA LA DÉPOUILLE DE L'EMPEREUR NAPOLÉON Ier DE SAINTE-HÉLÈNE, PARTICIPA SÛREMENT À LA CRÉATION DE CETTE IDÉE FAUSSE. IL INDIQUA EN EFFET DANS SON PROCÈS-VERBAL QUE LA BARBE DE NAPOLÉON « SEMBLAIT AVOIR POUSSÉ APRÈS LA MORT ».

GALILÉE fut condamné à mort parce qu'il soutenait que la Terre était ronde

FAUX

« *Et pourtant elle tourne !* » Cette phrase que l'on attribue à Galilée symbolise à la fois la liberté de pensée et la lutte contre l'obscurantisme religieux. Aussi garde-t-on en tête l'image d'un homme jugé par l'Église puis condamné à mort pour ses travaux perçus comme hérétiques. Cependant cette situation n'a jamais eu lieu !

➡ En effet, **condamné à la prison** au cours du procès qui lui était intenté pour ses propos plaçant le Soleil, et non la Terre, au centre de l'Univers, Galilée a seulement abjuré publiquement ses thèses, avant de voir sa **peine** être **commuée en assignation à résidence**.

Comme il était une personnalité éminente du duché de Toscane, la clémence des autorités à l'égard du mathématicien était de mise et celui-ci a même été logé par l'ambassade de Florence durant son procès. Bien qu'étant sous étroite surveillance, Galilée a même écrit quelques ouvrages avant de succomber à **une mort naturelle** quelques années plus tard.

UN SORT BIEN PLUS ENVIABLE QUE CELUI RÉSERVÉ À GIORDANO BRUNO, LEQUEL A ÉTÉ BRÛLÉ VIF À ROME POUR SON ATHÉISME.

L'ESPÉRANCE DE VIE était très faible au Moyen Âge

FAUX

Dans l'inconscient populaire, le Moyen Âge est une période peu enviable au cours de laquelle les humains guerroyaient beaucoup et vivaient dans des conditions hygiéniques très douteuses. Si le deuxième point a maintes fois été démenti par des recherches sérieuses, on garde toutefois en tête l'idée que les humains de cette époque mourraient très jeunes.

➡ **La faute aux guerres** bien évidemment, mais aussi **aux épidémies et aux décès en bas âge**. Néanmoins, excepté pour ces cas extrêmes, l'espérance de vie était plutôt correcte.

Selon plusieurs études menées à partir d'ossements récoltés dans des cimetières anglo-saxons, beaucoup d'individus vivaient jusqu'à 40 ans, tandis qu'atteindre 60 ans n'était pas impossible dans les couches plus aisées. Alors pourquoi une telle méprise ?

Au-delà du souvenir des nombreuses guerres, qui menaient à la mort des jeunes gens très vigoureux, **de fréquentes erreurs dans la datation de restes osseux** ont induit en erreur des générations de scientifiques.

AINSI, LA CONDITION DE NOS AÏEUX ÉTAIT BIEN MOINS CRITIQUE QUE L'IMAGE QUE NOUS EN AVONS !

« SUSHI » signifie « poisson cru »

FAUX

Conçu à partir de tranches de poisson cru délicatement posées sur des boulettes de riz vinaigrées, ce plat raffiné évoque aux yeux de tous la gastronomie nippone. Mais savez-vous ce que signifie réellement son nom au pays du Soleil-Levant ?

➡ Contrairement à une idée reçue, le mot **sushi** n'a aucun lien avec le concept de poisson cru et veut tout simplement dire **« aigre »** en langue japonaise.

Ainsi, aux yeux des Japonais, l'ingrédient principal du sushi est bien le **riz vinaigré**, lequel donne ce goût si particulier à une préparation qui se savoure accompagnée de wasabi, une moutarde locale faite à base de raifort. Rien d'étonnant, alors, à ce qu'il existe des variétés faites à base de crevette, de crabe ou encore de calamar.

QUOI QU'IL EN SOIT, LE SUSHI N'EST CONSOMMÉ QU'OCCASIONNELLEMENT PAR LES JAPONAIS, LESQUELS ONT PLUTÔT UN FAIBLE POUR LES NOUILLES RAMEN. EH OUI, UNE IDÉE REÇUE EN CHASSE UNE AUTRE !

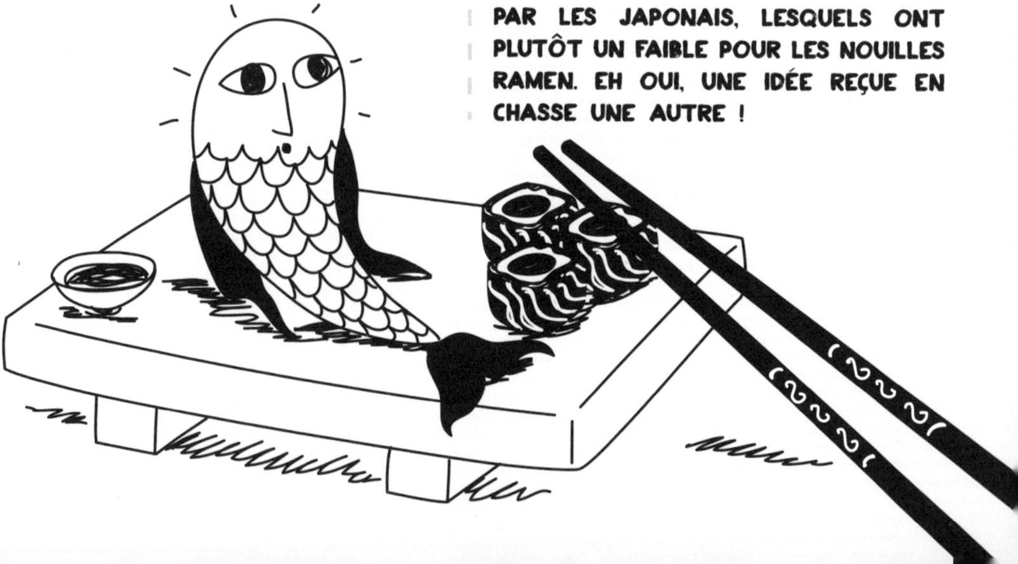

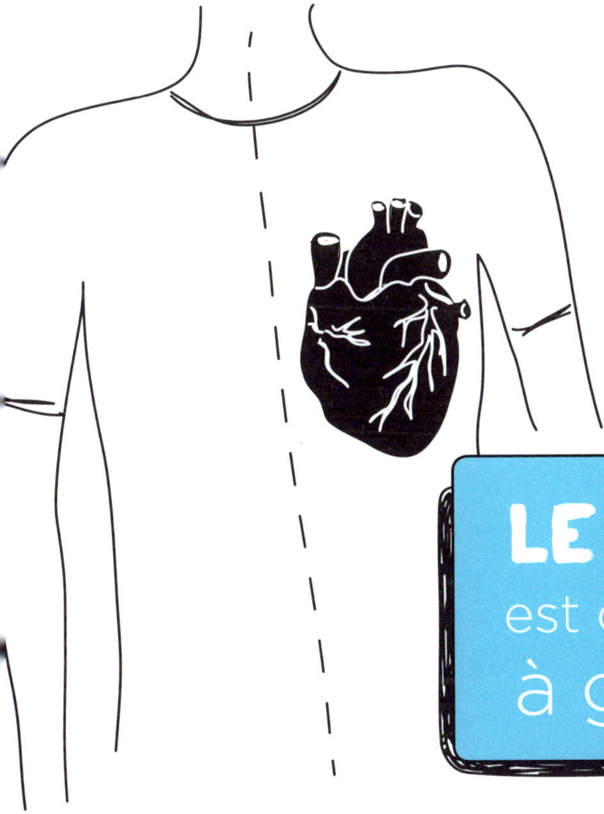

LE CŒUR est clairement à gauche

FAUX

Selon une idée répandue, le cœur de chaque être humain se trouverait à gauche. Ce n'est pas tout à fait vrai. En réalité, **le cœur est plutôt au milieu du thorax**, placé derrière le sternum. Par contre, si l'on divisait le corps humain en suivant une ligne médiane, les deux tiers de cet organe vital se trouveraient, en effet, du côté gauche.

➡ En outre, la partie du cœur la plus musclée étant le ventricule gauche, il est donc logique que nous sentions ses battements surtout du côté gauche de la poitrine.

Mais existe-t-il des personnes qui ont le cœur à droite ?

Eh bien oui ! Très minoritaires, ces dernières ne représentent que 0,01 % de la population et souffrent d'une pathologie congénitale nommée situs inversus, qui entraîne l'inversion de la position naturelle d'au moins un organe de leur corps.

PAS DE PANIQUE POUR AUTANT ! MÊME SI CETTE ANOMALIE PEUT S'AVÉRER HANDICAPANTE DANS LE CAS D'UNE GREFFE, ELLE NE S'ACCOMPAGNE PAS DE VÉRITABLES COMPLICATIONS AU QUOTIDIEN.

Ne pas **MANGER DE SEL** aide à avoir une fille

FAUX

Nombreux sont les couples à vouloir choisir le sexe de leur enfant. Pour les satisfaire, un certain **docteur** nommé **Papa** (ça ne s'invente pas !) a mis au point, dans les années 1980, un régime alimentaire censé déterminer le sexe du futur nourrisson. **Pour avoir une fille :** *exit* le sel et bonjour au magnésium et au potassium. **Et pour ceux qui veulent un garçon ?** Place aux poissons et aux fruits, mais adieu aux fromages et aux pâtisseries.

➡ En guise de preuves, le fameux docteur exhibe des résultats concluants à 87 % pour un échantillon de 215 femmes enceintes. Néanmoins, on découvre rapidement que seules 54 femmes ont poursuivi le très exigeant régime jusqu'au bout. Pas très concluant donc, d'autant que l'hypothèse d'une quelconque influence alimentaire dans ce domaine semble complètement farfelue.

EN EFFET, LE SEXE D'UN ENFANT SE DÉTERMINE TOUT SIMPLEMENT AU MOMENT DE LA FÉCONDATION. SI LE SPERMATOZOÏDE PORTE UN X, L'ENFANT SERA UNE FILLE ; S'IL PORTE UN Y, CE SERA UN GARÇON.
DIFFICILE D'AMADOUER DAME NATURE !

JOHN F. KENNEDY a commis une faute grammaticale en prononçant les mots « *Ich bin ein Berliner* »

FAUX

« *Ich bin ein Berliner* », c'est en ces termes, depuis passés à la postérité, que John Fitzgerald Kennedy a exprimé sa **solidarité envers le peuple ouest-allemand**, au cours de son discours prononcé à Berlin-Ouest en 1963. Toutefois, au-delà de la portée symbolique d'une formule qui fera des émules par la suite, une controverse émerge rapidement dans les médias anglophones.

➡ Selon ces derniers, JFK aurait commis une faute grammaticale qui aurait complètement changé le sens qu'il comptait donner à sa phrase. Ainsi, au lieu de dire « Je suis un Berlinois », Kennedy aurait dit, en ajoutant inopinément un *ein*, « Je suis une boule de Berlin » ; *der Berliner* étant le nom d'une pâtisserie typique de la capitale allemande. Embêtant… Heureusement, la réalité est tout autre, « *Ich bin ein Berliner* » et « *Ich bin Berliner* » pouvant se traduire de la même façon dans ce contexte. **MIEUX ENCORE, EN PRÉFÉRANT LA PREMIÈRE FORME, LE PRÉSIDENT AMÉRICAIN A RÉELLEMENT SIGNIFIÉ QU'IL S'EXPRIMAIT AU SENS FIGURÉ. KLASSE !**

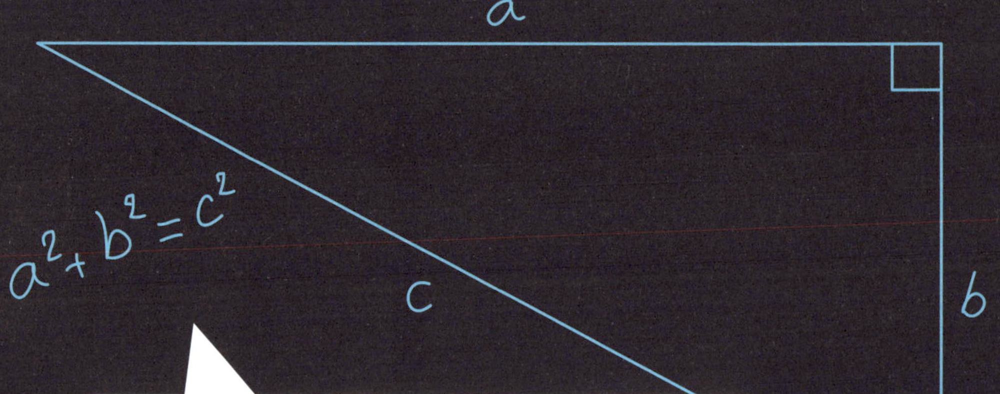

PYTHAGORE a mis au point le théorème du même nom

FAUX

« $AB^2 + AC^2 = BC^2$ »... Personne n'a échappé à ce théorème incontournable de la géométrie euclidienne.

Connu sous le nom de « théorème de Pythagore », cette démonstration mathématique est en effet un élément fondamental du programme de tous les collégiens, lesquels apprennent, par ce biais, à déduire les dimensions de tous les côtés d'un triangle rectangle.

Néanmoins, l'appellation du théorème est un peu abusive.

➡ En effet, bien qu'ayant été attribuée au mathématicien grec originaire de Samos, cette démonstration mathématique était bel et bien connue dans plusieurs parties du globe, **plus d'un millénaire avant sa naissance**.

Même chez les penseurs grecs, la question de l'apport de Pythagore fait plutôt débat, car le philosophe et mathématicien égéen n'a, en effet, laissé aucun écrit, à l'inverse d'Euclide et ses fameux *Éléments*... au sein desquels figure la démonstration du calcul de l'hypoténuse.

AINSI, LES BABYLONIENS, ÉGYPTIENS, INDIENS OU CHINOIS CONNAISSAIENT LES PROPRIÉTÉS GÉOMÉTRIQUES DU TRIANGLE RECTANGLE, CE QUI LEUR A D'AILLEURS PERMIS D'ÉRIGER LEURS NOMBREUX MONUMENTS.

JÉSUS est né un 25 décembre

FAUX

Au-delà des réunions familiales, de la tournée du Père Noël et du déballage des cadeaux, le jour de Noël est avant tout l'occasion de commémorer la naissance de Jésus, dans les pays chrétiens qui ont adopté le calendrier grégorien. **Mais Jésus est-il vraiment né un 25 décembre ?**

En plus des doutes qui concernent sa véritable année de naissance, en réalité, il n'existe pas vraiment de certitudes quant au bien-fondé de cette date d'anniversaire. Mieux encore, il est avéré que le 25 décembre est voisin du solstice d'hiver et des fêtes consacrées à Mithra en Asie Mineure ; toutes étant célébrées à l'époque de l'adoption progressive du christianisme par les autorités romaines.

➡ Ainsi, le choix du 25 décembre comme fête religieuse est avant tout **une décision stratégique prise par l'Église** en vue de phagocyter les cultes païens préexistants.

ET LES CADEAUX ?
UNE TRADITION HÉRITÉE DES SATURNALES, TOUT SIMPLEMENT. EN EFFET, DURANT CES FESTIVITÉS, IL ÉTAIT FRÉQUENT D'OFFRIR DES PRÉSENTS AUX PETITS ENFANTS. MERCI LES ROMAINS !

Il faut **URINER** sur une piqûre de méduse

FAUX

Uriner sur une piqûre de méduse est une astuce de grand-mère pour lutter contre la douleur causée par le contact des filaments urticants de l'animal.

Une astuce certes, mais une bonne idée ? Pas tant que ça !

L'urine chaude soulage immédiatement la douleur, mais tout liquide chaud aurait le même effet.

D'autant que par la suite, ça se gâte !

➡ Juste après la piqûre, seuls 10 % des cellules déposées sur la peau libèrent leur venin, tandis que 90 % des cellules restent en sommeil… sauf si elles sont excitées par de l'urine.

En effet, si votre urine est dans une phase alcaline (et on ne peut jamais connaître la composition chimique de son pipi avant d'uriner !), elle provoquera une expulsion massive de venin en faisant éclater les cellules urticantes restées sur la peau, lesquelles pourront à leur tour vous brûler. La douleur sera alors décuplée.

AU LIEU DE L'URINE, PRÉFÉREZ DONC TOUJOURS APPLIQUER DU VINAIGRE OU DE L'EAU DE MER.

VOLTAIRE a écrit :

« Je ne suis pas d'accord avec ce que vous dites, mais je me battrai jusqu'à la mort pour que vous ayez le droit de le dire. »

FAUX

Cette citation est probablement la devise attitrée du principe que tous les démocrates défendent sous le nom de **liberté d'expression**.

Traditionnellement attribuée à Voltaire, elle n'a pourtant jamais été écrite ni prononcée en ces termes par ce dernier, même dans sa missive envoyée à l'abbé Le Riche.

➡ Il faut se rendre du côté de l'Angleterre pour en retrouver l'origine, sous la plume de la femme de lettres **Evelyn Beatrice Hall**, laquelle a écrit une biographie de Voltaire.
Publié en 1906, sous le titre original de *The Friends of Voltaire*, cet ouvrage comporte la fameuse phrase encadrée par des guillemets, pour **faire référence à la philosophie libérale de l'auteur**.

C'est le début de la méprise que l'on connaît, le penseur devenant associé à une phrase qu'il n'a jamais écrite.

MAIS CETTE FOIS-CI CE N'EST PAS DE « LA FAUTE À VOLTAIRE ! »

Le célèbre **ADAGIO D'ALBINONI** a été écrit par Albinoni

FAUX

Œuvre très réputée du répertoire classique, l'**Adagio d'Albinoni** n'a pas été composé par le compositeur vénitien !

Initialement intitulée *Adagio pour orchestre à cordes et orgue en sol mineur*, **sa partition a, en effet, été écrite par un musicologue contemporain nommé Remo Giazotto**.

Amoureux éperdu de la musique du compositeur baroque, ce dernier a, de ce fait, essayé de sauver ses partitions, stockées à la bibliothèque de Dresde.

Complètement dévastée par la guerre, celle-ci ne recèle plus que des gravats lorsque Giazotto s'y rend, mais le musicologue prétend néanmoins avoir retrouvé un fragment calciné d'une sonate d'église.

➡ À partir de deux idées thématiques issues de cette relique, Giazotto compose ainsi l'adagio que l'on connaît, en 1945, avant de le diffuser pour la première fois en 1958.

L'air, qui fait le tour du monde, prend alors la dénomination populaire « d'Adagio d'Albinoni », au point d'éclipser la paternité du véritable auteur.

GIAZOTTO MEURT D'AILLEURS DANS L'ANONYMAT, TANDIS QUE SON IDOLE REGAGNE EN NOTORIÉTÉ. LE COMBLE DE L'ALTRUISME.

Toucher la peau d'une GRENOUILLE ou d'un CRAPAUD donne des verrues

FAUX

S'il est vrai que crapauds et grenouilles ont souvent un aspect très repoussant, **toucher leur peau ne vous transmettra pas de verrue**.

➡ En effet, les protubérances que l'on observe sur eux ne sont que des glandes qui humidifient leur épiderme, tandis que les pustules situées autour de leur cou sécrètent un poison qui irrite les muqueuses de leurs prédateurs. De cette manière, ces petits animaux réussissent à survivre dans ces environnements hostiles que sont les marais.

Quant aux verrues que les humains contractent, **elles s'attrapent**, le plus souvent, **dans des lieux humides et très fréquentés**, comme les piscines et les salles de sport.

Nos amis batraciens n'ont donc aucune responsabilité là-dedans.

Par contre, il existe des variétés d'amphibiens dont il vaut mieux éviter le contact. Le « kokoï de Colombie », par exemple, est une grenouille au venin extrêmement toxique, pouvant causer de graves brûlures, voire même la mort, chez des sujets humains ayant le malheur de le toucher.

RESTEZ PRUDENTS TOUT DE MÊME !

MARIE-ANTOINETTE a dit :

« S'ils n'ont pas de pain, qu'ils mangent de la brioche ! »

FAUX

Personnage emblématique de la chute de la royauté française, la reine Marie-Antoinette a très longtemps gardé une image de monarque immature, complètement déconnectée du peuple. Ainsi cette phrase a-t-elle symbolisé **une supposée arrogance** et un manque de compassion de la part d'une « grande princesse » qui ne réalisait même pas sa prochaine déchéance. Pourtant, cette sentence n'a jamais été prononcée par la reine d'origine autrichienne.

➡ Cette citation apocryphe (encore une !) doit en effet son origine à l'auteur **Alphonse Karr** qui la publia plus d'un siècle après la Révolution française, dans la revue satirique *Les Guêpes*. Victime de son succès, la citation, **absolument inauthentique**, fera le tour du monde en étant reprise par l'écrivain allemand Erich Kästner, dans ses ouvrages pour enfants au succès planétaire.

PLUS QU'UNE SIMPLE MÉPRISE, SI LA RUMEUR A PERDURÉ C'EST EN RAISON DE LA PROXIMITÉ DE LADITE PHRASE AVEC DES DICTONS POPULAIRES RÉPANDUS DANS TOUTE L'EUROPE DEPUIS LE MOYEN ÂGE. CELA NE MANGE PAS DE PAIN.

Personnage historique éminent, Jules César fait, encore aujourd'hui, l'objet d'une certaine fascination collective.

Pourtant, seuls quelques érudits connaissent son véritable état civil.

➡ En effet, *Caesar* n'était que le surnom (*cognomen* en latin) du général romain. Celui-ci a pu faire référence à sa naissance par césarienne ou, si l'on en croit les plus romantiques, aux faits d'armes d'un de ses ancêtres, lequel aurait abattu un éléphant (*kesar* en carthaginois) au cours des guerres puniques.

De manière surprenante, Jules (*Iulius* en latin) était donc un nom de famille (ou *gentilice*) hérité de son clan paternel, la gens Iulia.

Et son prénom dans tout ça ?

➡ Eh bien c'était tout simplement *Caius*, un *praenomen* très répandu au sein de la Rome antique.

Finalement très peu usité dans la vie quotidienne, le prénom était le plus souvent évincé au profit du nom de famille et du surnom.

VOILÀ POURQUOI ON PARLE, DE NOS JOURS, DE JULES CÉSAR ET NON DE CAIUS IULIUS !

La GUERRE DE CENT ANS a duré 100 ans

FAUX

Conflit mémorable qui a vu s'illustrer des personnages historiques de renom comme Bertrand Du Guesclin ou Jeanne d'Arc, la guerre de Cent Ans porte mal son nom.

Primo, il ne s'agit pas d'une guerre continue, mais d'une **succession de conflits** entrecoupés de trêves aux durées inégales. Ceux-ci opposent principalement le royaume de France (des Valois) à celui d'Angleterre (des Plantagenêts et des Lancastre), tous deux étant flanqués de leurs alliés respectifs, dans le cadre de **rivalités dynastiques et territoriales**.

Secundo, la guerre n'a pas réellement duré 100 ans. En effet, les derniers affrontements ont lieu en 1453, soit **116 ans** après le début des premières hostilités survenues en 1337.

Du coup, pourquoi avoir baptisé cette guerre ainsi ?

➡ Tout simplement pour donner un nom inoubliable à cette grande guerre patriotique qui avait été exhumée par des historiographes français, au XIXe siècle ; une époque où le « roman national » était en pleine élaboration.

« À LA GUERRE COMME À LA GUERRE. »

CLÉOPÂTRE était égyptienne

FAUX

Ah... Cléopâtre... son nez légendaire... ses romances avec Jules César... Marc Antoine... Tout un tas d'images nous viennent en tête lorsqu'il s'agit d'évoquer la souveraine... égyptienne ? Non !
Contrairement aux idées reçues, Cléopâtre n'était pas l'héritière d'une dynastie de pharaons, mais **une reine d'origine grecque** !

➡ Légataire de la dynastie macédonienne des Lagides, celle qui se nommait en réalité Cléopâtre VII avait en effet pour aïeul un proche d'Alexandre le Grand : Philippe II de Macédoine, surnommé Ptolémée Ier Sôter. Dernière reine de son royaume, Cléopâtre était donc l'ultime émanation d'un pouvoir grec qui aura régné pendant près de 300 ans en Égypte.
Très ambitieuse et cultivée, Cléopâtre maîtrisait au moins 5 langues et savait parfaitement communiquer avec les personnalités les plus influentes de son royaume.

PARÉE D'ATTRIBUTS ÉGYPTIENS SUR BEAUCOUP DE SES PORTRAITS, ELLE A FINALEMENT LAISSÉ L'IMAGE D'UNE REINE EXOTIQUE DANS LA MÉMOIRE DES OCCIDENTAUX, RAISON POUR LAQUELLE ELLE EST ENCORE ASSIMILÉE À UNE IMPÉRATRICE AUTOCHTONE. ET « SI SON NEZ EÛT ÉTÉ PLUS COURT » ?

La BANDE DESSINÉE est née aux États-Unis

FAUX

Tout le monde ou presque connaît les comics, ces bandes dessinées principalement destinées aux adolescents. Avec les mangas, ce sont les albums dessinés les plus populaires et les plus vendus dans le monde.

Des héros comme Superman, Spider-Man ou encore Batman sont ainsi connus de toutes les générations, depuis maintenant des décennies.

➡ Toutefois, bien avant l'émergence de ce genre, la bande dessinée a bien fait ses gammes en Europe et notamment **en Suisse**, sous la mine de l'écrivain et dessinateur **Rodolphe Töpffer**.

En effet, dès 1827, celui-ci se met à dessiner des petites histoires amusantes, narrées sous la forme d'une succession de cases légendées. Publiée dans les journaux satiriques, et même vendue sous la forme d'albums, **cette « littérature en estampes » est en fait l'ancêtre direct de la BD franco-belge** qui connaîtra son heure de gloire au XXe siècle.

MAINTENANT VOUS SAVEZ QU'EN PLUS DE PRODUIRE DU CHOCOLAT ET DES HORLOGES, LA SUISSE A AUSSI CRÉÉ DES BANDES DESSINÉES !

LOUIS XIV avait un frère jumeau

FAUX

« L'homme au masque de fer »... Cette histoire intrigante a fasciné des générations d'historiens et de romanciers. Derrière le masque de prisonnier politique, se cachait-il le frère jumeau du roi Louis XIV ? Impossible, et pour cause !

➡ La reine accouchant en public, il était inconcevable que naissent des jumeaux sans que la cour le sache. **Louis XIV est** donc bel et bien **l'unique fils aîné de la famille royale** et n'a jamais eu de frère jumeau. Pourquoi, alors, l'existence d'une telle rumeur ?

Contesté pour son exercice autoritaire du pouvoir royal, Louis XIV avait des opposants notoires. Ceux-ci ont donc saisi l'opportunité offerte par l'existence d'un prisonnier masqué, enfermé à la Bastille, pour donner naissance à cette accusation.

TRÈS ROMANESQUE, CET ON-DIT SERA POPULARISÉ PAR VOLTAIRE ET SURTOUT ALEXANDRE DUMAS, LEQUEL FERA DU PRISONNIER UN PERSONNAGE SECONDAIRE DU DERNIER VOLET DES « TROIS MOUSQUETAIRES ».
TOUTEFOIS, LA RÉALITÉ EST TOUT AUTRE ET L'INDIVIDU MASQUÉ N'ÉTAIT PROBABLEMENT QU'UN ANCIEN VALET DE LA COUR.

NAPOLÉON est mort empoisonné

FAUX

Symbole d'une période où la France dominait l'Europe, voire le monde, Napoléon a, au cours de sa vie, connu à la fois la gloire et la déchéance. Finalement vaincu, à la suite de sa seconde abdication, Napoléon fut contraint de s'exiler sur l'île Sainte-Hélène, où il termina ses jours à l'âge de 51 ans. **Mais a-t-il succombé à une mort naturelle ?**

➡ Une thèse intéressante a longtemps prétendu que Napoléon avait été empoisonné à l'arsenic par un de ses proches.

En effet, des analyses effectuées à partir de mèches de ses cheveux révèlent un taux d'arsenic particulièrement élevé dans l'organisme de l'empereur.

Néanmoins l'autopsie du corps donne des conclusions très différentes. Ainsi, Napoléon a **probablement** succombé à **un cancer de l'estomac**, tandis que les traces d'arsenic s'expliqueraient par les conditions de vie de l'époque, bien éloignées des standards actuels.

L'ÉVENTUALITÉ DE SON ASSASSINAT CONTINUE NÉANMOINS À FASCINER DE NOMBREUX AUTEURS, LA VIE DE NAPOLÉON ÉTANT UNE SOURCE D'INSPIRATION ROMANESQUE PRESQUE INTARISSABLE !

La CORRIDA vient des jeux du cirque de Rome

FAUX

Désormais décriée par les défenseurs de la cause animale, la corrida est une tradition qui fait partie intégrante du folklore hispanique.

Mais quelles en sont les origines ?

Nombreux sont ceux qui ont vu dans l'apparence de ses arènes une preuve que la corrida avait ses racines dans les jeux du cirque romain. Pourtant ce n'est pas le cas !

➡ En effet, s'il existait des jeux taurins dans le monde méditerranéen de l'Antiquité, ceux-ci ne ressemblaient en rien au rituel extrêmement codifié qu'est la corrida. De même, les jeux du cirque impliquaient **surtout des esclaves et rarement des animaux**.

De ce fait, l'origine romaine de la tauromachie a été réfutée dès le XVIIIe siècle par des chroniqueurs espagnols, faute de traces écrites attestant l'existence d'une telle parenté.

EN DÉFINITIVE, LA CORRIDA EST UNE PRATIQUE RELATIVEMENT RÉCENTE, SA FORME MODERNE ÉTANT LE RÉSULTAT D'UN TRAVAIL DE CODIFICATION INITIÉ PAR FRANCISCO ROMERO (1700-1763), LE PREMIER MATADOR ESPAGNOL, PROBABLE INVENTEUR DE LA « MULETA ». OLÉ !

L'AFRIQUE est le plus vieux des continents

FAUX

On parle souvent de l'Afrique comme du **« berceau de l'humanité »**, mais est-ce vraiment pertinent ?

Si cette périphrase doit sans doute son origine à la découverte de *Lucy*, un des plus vieux fossiles d'australopithèques découverts à ce jour, il est bon de rappeler que tous les continents présents sur la surface terrestre ont exactement le même âge.

➡ En effet, à l'origine, la planète Terre n'était recouverte que d'un continent unique que l'on nomme la **Pangée**.

Ce n'est qu'au cours du Mésozoïque, il y a 200 millions d'années, que ce continent géant a commencé à se fractionner en deux supercontinents : la **Laurasie** (comprenant les actuelles Europe, Asie et Amérique du Nord) et le **Gondwana** (composé des actuelles Arabie, Afrique, Amérique du Sud, Inde et Antarctique).

AINSI, AU COURS DU TEMPS, CES DEUX VASTES ESPACES ONT CONTINUÉ À SE MORCELER, JUSQU'À DONNER LES CONTINENTS QUE NOUS CONNAISSONS AUJOURD'HUI. L'AFRIQUE N'EST DONC QU'UNE DES PIÈCES DE CE GIGANTESQUE PUZZLE QU'EST LA TERRE !

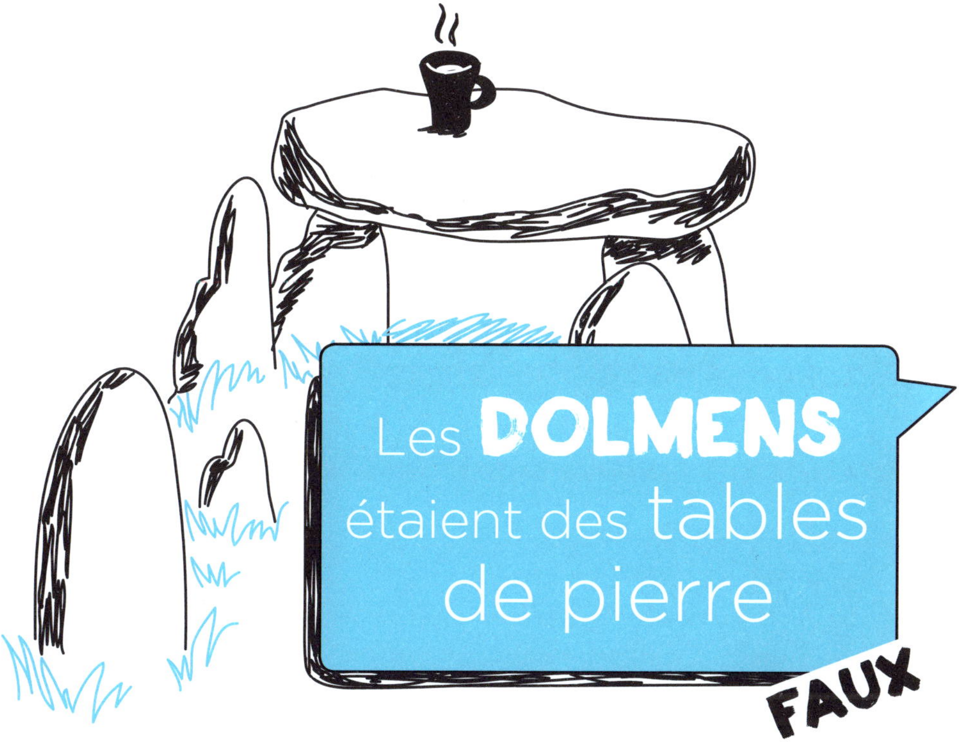

Les DOLMENS étaient des tables de pierre

FAUX

Menhirs et dolmens... Voilà des **mégalithes** qui nous sont familiers.
À l'évocation de leurs noms, nous visualisons immédiatement Obélix et son menhir fétiche, le monument de Stonehenge ou encore des paysages bretons.
Mais qu'étaient réellement ces constructions faites à partir de pierres gigantesques ? Car si les menhirs étaient de toute évidence des rochers dressés et parfois sculptés pour commémorer un événement, un certain mystère entoure lesdits dolmens.
➡ En effet, ces monuments mégalithiques, constitués d'une dalle posée sur des rochers placés à la verticale, ressemblent littéralement à des tables de pierre (c'est la traduction de « dolmens » en breton et en gallois).
Pourtant, leur rôle était un peu plus complexe. Recouverts de terre, ils servaient en fait de **sépulture à des personnalités importantes**, auxquelles on rendait hommage. Parfois très élaborées, ces chambres funéraires pouvaient se matérialiser sous la forme de plusieurs dolmens entourés d'un cercle de mégalithes appelé *cromlech* (ce qui signifie littéralement « pierre ronde » en gallois).
PRUDENCE, NÉANMOINS, CES STRUCTURES QUI REMONTENT À LA PRÉHISTOIRE N'ONT PROBABLEMENT PAS ENCORE LIVRÉ TOUS LEURS SECRETS.

Mieux vaut manger des **LÉGUMES FRAIS** que des légumes congelés

FAUX

L'alimentation biologique a le vent en poupe. De même, les polémiques liées aux additifs alimentaires incitent, chaque jour, un peu plus de personnes à manger des aliments frais et de saison. **Mais les légumes frais sont-ils réellement meilleurs que ceux qui ont été congelés ?**

Pas forcément. À vrai dire, tout dépend de la rapidité à laquelle vous prévoyez de les consommer.

➡ Si vous comptez cuisiner vos légumes quelques jours seulement après leur cueillette, les acheter frais peut pleinement se justifier. Sinon, acheter des **aliments surgelés** est la meilleure solution.

En effet, ces derniers ont été traités et refroidis pour être **propres à la consommation sur une longue période** (ce qui vous accorde une marge plus importante pour gérer votre garde-manger).

CONTRAIREMENT AUX IDÉES REÇUES, CE PROCÉDÉ DE CONSERVATION NE FAIT PERDRE QUE 20 % DE VALEUR NUTRITIONNELLE AUX ALIMENTS, ALORS QU'ILS RESTENT CONSOMMABLES SUR UNE PÉRIODE NETTEMENT SUPÉRIEURE À CELLE DES LÉGUMES FRAIS. BIEN PLUS PRATIQUE !

Les DÉODORANTS causent le cancer du sein

FAUX

Les produits cosmétiques ont parfois des **effets secondaires** extrêmement fâcheux. Parmi les rumeurs les plus persistantes, on compte bien évidemment celle qui concerne le rôle néfaste que joueraient les déodorants, incriminés dans le développement de cancers du sein. Toutefois, il n'existe **aucune preuve concrète** qui accréditerait une telle assertion.

➡ En effet, seule une étude menée sur des souris, dans des conditions expérimentales, a permis de déterminer un lien entre les **sels d'aluminium** (souvent présents dans les déodorants) et le développement d'un cancer du sein.

Par contre, aucune étude effectuée sur des êtres humains n'a abouti à une telle conclusion (et ce, alors que des tests sont effectués continuellement depuis des décennies).

À l'heure actuelle, les experts médicaux restent donc très mesurés sur la question.

DE MÊME, CEUX-CI N'ONT ENCORE TROUVÉ AUCUNE PREUVE DÉMONTRANT QUE LE PORT DU SOUTIEN-GORGE ÉTAIT UN FACTEUR À RISQUE POUR LE DÉVELOPPEMENT D'UN CARCINOME INFILTRANT.
OUF ! VOUS POUVEZ CONTINUER À FAIRE VOTRE TOILETTE SANS CRAINTE !

Le **PHOSPHORE** est bon pour la mémoire

FAUX

On dit souvent que **manger du poisson** est bon pour la mémoire. Probablement par association d'idées, nous en sommes donc venus à penser que le phosphore en était un élément chimique fondamental qui jouait un rôle particulier dans ce phénomène.

C'est une erreur ! On ne trouve, en effet, pas plus de phosphore dans le poisson que dans le fromage ou les légumineuses.

D'autre part, celui-ci n'apporte pas de bénéfices particuliers quant à la bonne santé de notre cerveau.

➡ Ainsi, ce sont plutôt **les acides gras oméga-3** qui jouent un rôle crucial dans le bon fonctionnement de nos neurones. Présents en grandes quantités **dans les poissons gras et les fruits de mer**, ceux-ci interviennent, en effet, dans la structuration et le renouvellement des structures nerveuses présentes dans notre matière grise.

CE N'EST DONC PAS UN MYTHE : MANGER DU POISSON AMÉLIORE VOTRE FONCTIONNEMENT CÉRÉBRAL, À CONDITION DE CHOISIR DES VARIÉTÉS RICHES EN ACIDES GRAS ET PEU CONTAMINÉES EN MERCURE. VOUS N'OUBLIEREZ PAS ?

Les REQUINS ne peuvent pas avoir de cancer

FAUX

Le cancer fait chaque année des millions de victimes, mais pour venir à bout du crabe, nombreux sont ceux qui ont vu dans le requin la solution. En effet, selon une croyance populaire très répandue, **les squales seraient complètement immunisés contre le cancer**, ce qui ferait de leur cartilage un **traitement anticancéreux** très efficace.

Double erreur !

➡ Depuis une étude menée par des chercheurs australiens, nous savons désormais que des requins d'au moins 23 espèces différentes ont déjà développé des tumeurs cancéreuses. D'autre part, le traitement à base de cartilage de requin n'a jamais fait ses preuves, celui-ci étant plus nocif que bénéfique. **Du coup, pourquoi ces rumeurs sont-elles aussi persistantes ?**

Tout simplement parce que la vente de ces cartilages est un business particulièrement juteux, lequel ne s'encombre pas de vérité scientifique.

TOUTEFOIS, LA MENACE QUI PÈSE SUR LES SQUALES DEVIENT ALARMANTE PUISQUE, D'ANNÉE EN ANNÉE, DES ESPÈCES SE RETROUVENT MENACÉES PAR LES TUERIES MASSIVES À BUT THÉRAPEUTIQUE. STOP AU MASSACRE !

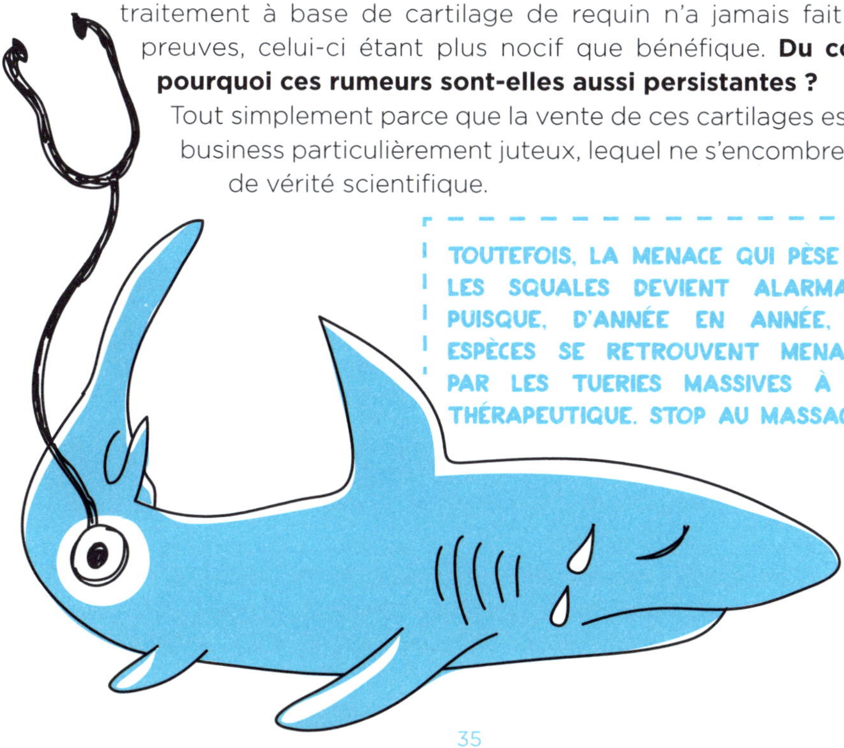

Les **TOURNESOLS** en fleur suivent le mouvement du soleil au cours de la journée

FAUX

Avec un nom pareil, le tournesol ne peut que suivre le mouvement du soleil. Sans surprise, ce sont bien les mouvements journaliers de ces grandes fleurs jaunes qui ont convaincu nos aïeuls de les baptiser ainsi.

Pourtant, une étude récente met fin à ce mythe.

➡ En effet, selon des chercheurs de l'université de Californie, seuls les jeunes tournesols tournent leur tête d'est en ouest. Les fleurs matures, au contraire, gardent leurs capitules immobiles face à l'est.

Et le soleil dans tout ça ?

➡ Son rôle n'est pas si déterminant qu'il n'y paraît.

En effet, c'est une horloge biologique interne à la fleur qui programme ses mouvements journaliers, de même que son repositionnement nocturne. Au cours du processus, le tournesol croît en captant les rayons lumineux, ce qui le fait inévitablement pencher.

AINSI, LE TOURNESOL PEUT CHANGER DE POSITION FACE À UNE SOURCE DE LUMIÈRE ARTIFICIELLE, COMME IL LE FAIT LORS DE LA COURSE DU SOLEIL. VOILÀ UNE FLEUR QUI NE PERD PAS LA TÊTE !

Les HAMBURGERS McDo ne pourrissent pas

FAUX

Avec l'avènement d'Internet, nombreuses sont les vidéos chocs à montrer des hamburgers McDo résister aux épreuves du temps, sans comporter la moindre trace de moisissure. La rumeur a donc rapidement fait le tour du Web : les hamburgers de la firme de fast-food américaine ne peuvent pas pourrir, du fait, probablement, de leur **composition chimique particulièrement éloignée des standards naturels.**

Ce n'est pas tout à fait exact.

➡ *Primo*, il est vrai que les aliments transformés mettent plus de temps à se décomposer que leurs équivalents bio.

Cela s'explique par leur haute teneur en sucre et en conservateurs qui les maintient dans leur état d'origine sur une plus longue durée.

➡ *Secundo*, la moisissure ne se développe que lorsque certaines conditions (humidité et température) sont réunies.

Ces deux précisions concernent aussi bien les hamburgers McDo que les autres aliments.

AINSI, DE CE CÔTÉ-LÀ, CES SANDWICHS NE DIFFÈRENT PAS GRANDEMENT DES METS QUE L'ON PEUT TROUVER AU SUPERMARCHÉ.
À CONSOMMER TOUT DE MÊME AVEC MODÉRATION !

Les CHIENS et les CHATS voient en noir et blanc

FAUX

Difficile de se mettre dans la peau d'un animal.
Pendant longtemps, les humains s'y sont essayé et ont déduit, à mesure qu'ils menaient des expériences, que les chiens et les chats voyaient en noir et blanc. C'est désormais de l'histoire ancienne, puisque **des études récentes attestent désormais du contraire**.

➡ En effet, de nombreux chercheurs estiment que les chiens et les chats, bien qu'ayant un spectre de vision plus étroit que celui de l'être humain, peuvent eux aussi voir en couleur.
Chez les canidés, la vision se fait surtout dans des **teintes de jaune et de bleu**, alors que **chez les chats** les cônes photorécepteurs captent principalement les **lumières verte et bleue**.
Toutefois, chez nos amis les félins, les couleurs vives et saturées sont inaccessibles, tandis que l'intensité lumineuse joue un grand rôle dans leur modélisation des couleurs.

**DE CE FAIT, MÊME SI LES CHATS VOIENT EN COULEUR DE JOUR, ILS VOIENT BIEN EN NOIR ET BLANC DANS L'OBSCURITÉ.
PEUT-ON PARLER D'AGILITÉ VISUELLE ?**

Le **FROID** donne le rhume

FAUX

En français, « attraper froid » est un synonyme d' « avoir le rhume ». C'est aussi le cas en anglais, en allemand ou en espagnol, où les mots « *cold* », « *Erkältung* » et « *resfriado* » appartiennent également au champ lexical de la fraîcheur. **Logique d'y voir un rapport de cause à effet ? Pas vraiment.**

➡ En fait, le rhume, comme la grippe et d'autres maladies virales, ne s'attrape que **par contagion**, par exemple, après un contact avec de la salive d'un individu malade.

Par ailleurs, comme de nombreuses expériences l'ont attesté, le froid en lui même ne génère aucune maladie virale, même s'il convient de se couvrir pour ne pas souffrir d'hypothermie. En fait, si le rhume et la grippe sont plus fréquents en hiver, c'est tout simplement parce qu'il s'agit d'une saison où les individus vivent plus souvent confinés.

LA PROMISCUITÉ ÉTANT UN FACTEUR DE CONTAGION, LES VIRUS ONT DONC DE NOMBREUSES OCCASIONS DE PROLIFÉRER CHEZ UN GRAND NOMBRE DE PERSONNES. RAISON DE PLUS POUR PRENDRE UN PEU L'AIR.

Le **SUCRE** entraîne l'hyperactivité

FAUX

Manger des bonbons peut donner des caries, mais aussi **rendre hyperactif**. En tout cas c'est la croyance que partagent beaucoup de mamans quant à ce qui est gras et riche en sucre.
Mais est-ce vraiment fondé ?
En réalité, aucune étude sérieuse ne prouve la corrélation entre le taux de sucre dans le corps et l'hyperactivité d'un individu.

➡ L'origine de cette assertion est à chercher du côté de l'existence d'un **régime américain**, créé en 1973 (et nommé **Feingold**, du nom de son inventeur), prohibant tout aliment riche en acide salicylique (dont le sucre), en vue de traiter l'hyperactivité.
Chemin faisant, la croyance que le sucre stimulait anormalement les individus, et notamment les enfants, a fini par s'ancrer dans l'inconscient populaire. Et ce même si des études ont démonté le mythe, en plus de prouver que l'existence de ce biais cognitif brouillait le jugement des parents. En effet, les mamans observées avaient tendance à être plus strictes avec les enfants qui mangeaient des bonbons.

À EN DEVENIR HYPERACTIVES ?

Les **PIRANHAS** peuvent dévorer un homme

FAUX

À l'instar des *Dents de la mer*, le film *Piranhas* de Joe Dante a terrorisé des générations de spectateurs.

Il faut dire que ces poissons brésiliens ont une mâchoire impressionnante, l'espèce la plus puissante pouvant exercer une force de morsure équivalant à 30 fois son poids. **Pourtant, les piranhas ne s'attaquent aux humains que dans des situations très particulières.**

➡ En effet, **au cours des périodes humides**, des baigneurs peuvent barboter à côté d'eux sans même remarquer leur existence, les poissons préférant fuir la présence humaine.

Néanmoins, **en période sèche**, confinés dans un environnement aux ressources limitées, des piranhas affamés peuvent attaquer tout ce qui bouge. C'est dans ce cas précis qu'une vache vivante a été dévorée sous les yeux de Theodore Roosevelt.

De même, quelques individus imprudents ont déjà succombé à de multiples morsures en franchissant, par exemple, un lac surpeuplé de piranhas sous-alimentés.

QUOI QU'IL EN SOIT, LES PIRANHAS NE SEMBLENT PAS AIMER LA CHAIR HUMAINE, N'EN MORDANT GUÈRE PLUS D'UNE BOUCHÉE CHACUN. OUF !

Les **FEMMES** sont dangereuses au volant

« Femme au volant, mort au tournant » : voilà un dicton pour le moins misogyne. Néanmoins, il est conforme à l'image d'Épinal qui dépeint les femmes comme des personnes ayant du mal à conduire correctement.

Réputées nerveuses, malhabiles et peu aptes à s'orienter dans l'espace, ces dernières auraient, en effet, de grandes difficultés à manier un véhicule. **Pourtant, des rapports de la Sécurité routière démontrent exactement l'inverse.**

➡ En réalité, selon les statistiques, les femmes commettent beaucoup moins de délits routiers que les hommes et sont drastiquement moins impliquées dans les homicides involontaires. De même, les amendes et les retraits de points sont essentiellement infligés aux messieurs.

Les raisons de cet écart sont très simples.

Primo, selon ces études, peu de conductrices décideraient de prendre le volant sous l'emprise de l'alcool.

Secundo, le faible nombre de délits routiers semble indiquer un usage du véhicule beaucoup plus prudent et respectueux du Code de la route.

DE QUOI FAIRE D'ELLES DES EXEMPLES DE BONNE CONDUITE.

Notre COEUR s'arrête quand on éternue

FAUX

« Atchoum ! » Réflexe élémentaire du corps humain, l'éternuement est un mécanisme de défense qui, le plus souvent, vise à expulser des substances encombrantes. Ainsi, cette réaction instinctive nettoie le nez d'éventuelles impuretés qui pourraient nuire aux poumons.

Néanmoins, des rumeurs farfelues circulent au sujet de cette pulsion initiée par le cerveau. Parmi celles-ci, une légende urbaine a longtemps affirmé que le cœur s'arrêtait lorsqu'on éternuait.

C'est, évidemment, complètement faux.

➡ Le cœur étant un organe essentiel au corps humain, l'arrêt, même momentané, de son fonctionnement serait particulièrement critique pour le pronostic vital de chacun.

En réalité, **ses battements ralentissent** un tout petit peu au moment de l'inspiration profonde qui précède l'éternuement.

Ce ralentissement des battements cardiaques est plus ou moins important selon la quantité d'air que vous inspirez avant d'éternuer.

Une fois que c'est fait, le cœur reprend très rapidement son rythme normal, sans faire encourir le moindre risque au corps humain.

VOUS POUVEZ CONTINUER À ÉTERNUER SANS CRAINTE !

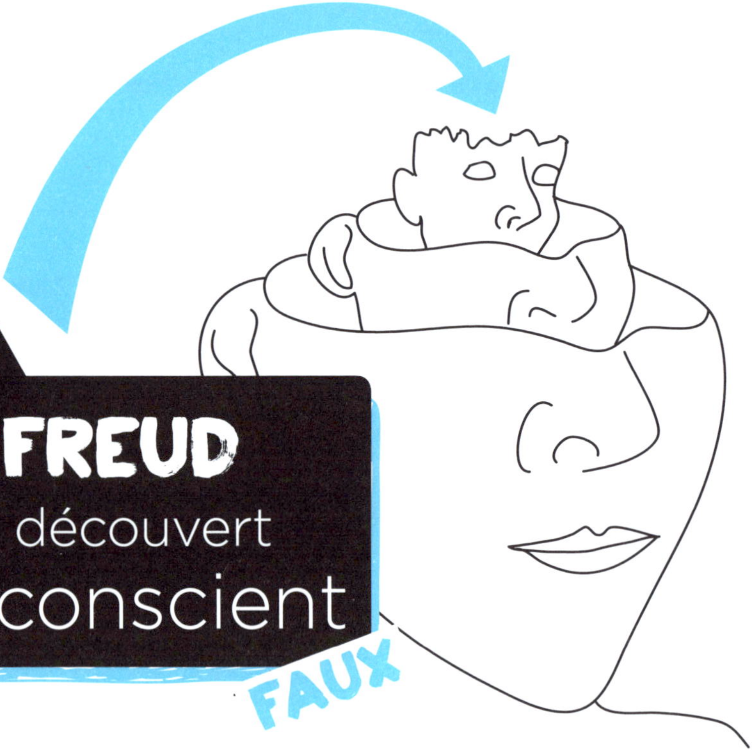

FREUD a découvert l'inconscient

FAUX

Inventeur de la psychanalyse, Sigmund Freud a produit des théories encore massivement étudiées telles que le complexe d'Œdipe, l'analyse des rêves, ou encore les différents stades du développement psycho-affectif. Toutefois, **le concept d'inconscient**, absolument central dans le système théorique freudien, **n'est pas une invention du psychanalyste autrichien**.

➡ En effet, avant d'être popularisée par Freud, la notion d'inconscient a été abordée par de nombreux philosophes des siècles précédents, tels **Leibniz** (lequel parlait de « perceptions confuses »), **Karl Robert von Hartmann** (voir son ouvrage *Philosophie de l'inconscient*, publié en 1869) et bien sûr **Friedrich Nietzsche** que Freud avait abondamment lu durant sa formation théorique.

C'est d'ailleurs le philosophe de « l'éternel retour » qui a le plus influencé Sigmund Freud dans l'élaboration de la toute jeune psychanalyse.

Sensible aux concepts d'« arrière-monde » et de « transvaluation des valeurs », le psychanalyste a ainsi théorisé **l'inconscient comme une partie névrosée du psychisme**, dans laquelle seraient enfermées toutes les pensées refoulées de l'être humain.

UN EMPRUNT INCONSCIENT ?

La TAILLE DU PÉNIS est proportionnelle à celle du pied

FAUX

Sujet très grivois, la question de la taille du pénis n'en finit pas de défrayer la chronique.

En effet, **nombreux sont les chercheurs** à avoir émis des théories plus ou moins farfelues, **prétendant déduire la taille de l'organe masculin à partir des mensurations d'autres parties du corps**.

Taille de la main, distance pouce-index, puis taille du pied, voilà pêle-mêle quelques indicateurs supposés donner une idée des mensurations péniennes.

Pourtant, **aucune étude sérieuse** n'apporte de preuve concrète attestant la véracité de ces théories.

➡ Certains chercheurs, ayant mené des enquêtes sur plusieurs centaines d'hommes, ont même conclu que de telles corrélations étaient inexistantes.

Plus généralement, la question des méthodes de mesure se pose dans le cadre de ces études. En effet, il n'est pas encore courant, dans le milieu médical, de prendre des mesures de pénis en érection.

PAR AILLEURS, LES DIMENSIONS D'AUTRES PARTIES DU CORPS SONT ÉGALEMENT SUSCEPTIBLES DE FLUCTUER SELON LE CONTEXTE ET LE MOMENT DE LA JOURNÉE.

LE MYSTÈRE RESTE DONC ENTIER.

Le **STRESS** donne des cheveux blancs

FAUX

« Se faire des cheveux blancs » : cette expression française, passée dans le langage courant, signifie simplement « se faire du souci ». La sagesse populaire voit en effet un **rapport de cause à effet**, entre le sentiment d'angoisse et le blanchiment de la chevelure d'un individu. L'exemple le plus notable est probablement celui de Marie-Antoinette, laquelle aurait vu ses cheveux blanchir la veille de son exécution. Pourtant, même si cette observation est en partie fondée, **voir une stricte corrélation entre les deux phénomènes n'est pas vraiment pertinent**.

➡ En effet, selon les dernières études menées sur le sujet, **l'affaiblissement du métabolisme humain** peut être un des facteurs qui déclencheraient une pelade, puis un blanchiment de la chevelure d'un individu.

Toutefois, ce n'est pas le seul élément en cause, d'autant que l'apparition de cheveux blancs ne peut se faire que de manière progressive, ces derniers ne pouvant pousser que de quelques centimètres par mois.

PAS DE QUOI EN PERDRE LA TÊTE.

Les CHAUVES-SOURIS sont aveugles

FAUX

Miraudes comme des taupes les chauves-souris ? Pas vraiment. Certaines d'entre elles ont même une **très bonne vue**, notamment les frugivores et les roussettes, lesquelles voient très bien, **de jour comme de nuit**. Dans ce cas, pourquoi ont-elles cette réputation ?

➡ Probablement par confusion avec l'un de leurs outils de chasseuses nocturnes : le sonar.

En effet, les microchiroptères, grandes consommatrices d'insectes, utilisent l'écholocalisation pour identifier leurs proies mouvantes, dans l'obscurité nocturne et les zones inconnues. Cependant, elles peuvent tout de même utiliser leurs yeux dans leurs déplacements quotidiens, même si **leur vue reste moins performante que leur ouïe** extrêmement sensible.

➡ Autre éventuelle source de malentendus : les chauves-souris ne réagissent pas très bien aux éclairages artificiels extérieurs. En effet, ces derniers peuvent les éblouir et les perturber au cours de leurs trajets.

FINALEMENT, C'EST PEUT-ÊTRE BIEN EN OBSERVANT DES CHAUVES-SOURIS DÉSORIENTÉES PAR DES LAMPADAIRES QUE NOUS EN SOMMES VENUS À SUPPOSER QU'ELLES ÉTAIENT AVEUGLES. À L'AVENIR, OUVRONS L'ŒIL.

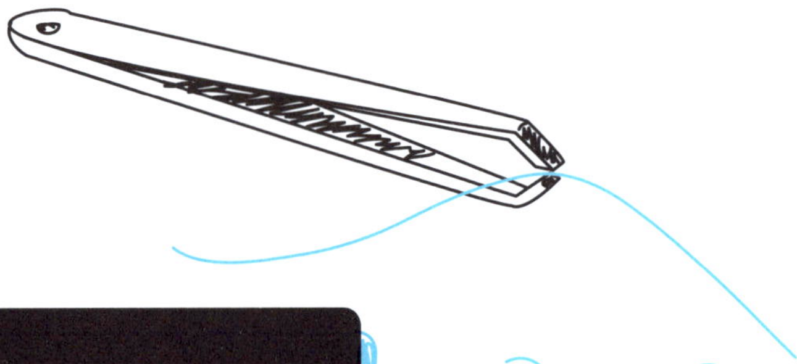

RETIRER les cheveux blancs en fait apparaître 10 fois plus

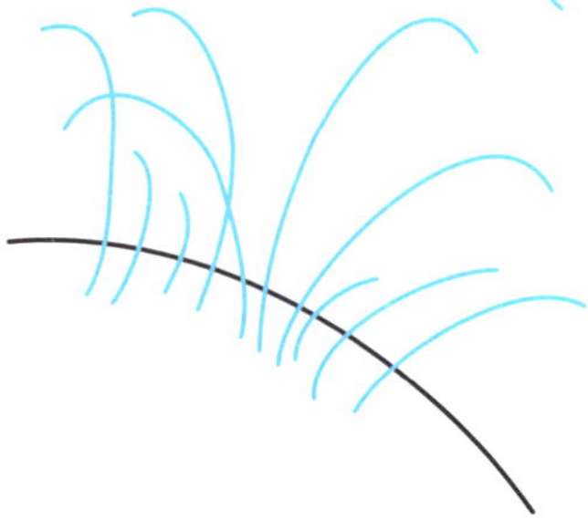

FAUX

Pas toujours évident de voir sa chevelure blanchir. Certains tricheurs sont même tentés d'arracher les maudits cheveux blancs pour en cacher l'existence. Pour les dissuader, une rumeur prétend que retirer un cheveu blanc en fait apparaître une légion d'autres.

Alors ? Un de perdu, dix de retrouvés ? Pas du tout !

➡ Néanmoins, méfiance. Arracher un cheveu n'en refera repousser qu'un seul, mais celui-ci sera **plus épais et visible** que le précédent. Pas très discret, donc.

D'autre part, il n'est pas conseillé de retirer quelque cheveu que ce soit, cet acte n'étant ni plus ni moins qu'une agression du cuir chevelu.

Quoi qu'il en soit, l'apparition d'un cheveu blanc annonce fatalement l'arrivée d'autres semblables, et ce, que vous l'arrachiez ou non.

AINSI, IL FAUT VOUS FAIRE UNE RAISON : L'ÂGE AIDANT, VOTRE CHEVELURE VA NATURELLEMENT SE METTRE À BLANCHIR. PAS DE PANIQUE NÉANMOINS, SI CELA VOUS GÊNE, VOUS POURREZ TOUJOURS LES TEINDRE COMME BON VOUS SEMBLE.
PAS DE QUOI, DONC, VOUS ARRACHER LES CHEVEUX.

Les **PINGOUINS** ne peuvent pas voler

FAUX

Tout le monde a en tête l'image de pingouins marchant péniblement en file indienne sur la banquise. Des pingouins ? Vous êtes sûr ?
Vous avez peut-être été pris au piège par la ressemblance de ces oiseaux avec leurs cousins manchots.
Remarquez, on vous comprend, puisque même en anglais le mot *penguin* signifie « manchot ». Pourtant les deux espèces se distinguent de manière notable.

➡ En effet, les pingouins vivent dans l'hémisphère Nord et peuvent voler, tandis que les manchots, présents uniquement dans l'hémisphère Sud, ne peuvent pas utiliser leurs petites ailes pour prendre leur envol. Si l'on a longtemps confondu les deux, c'est tout simplement parce que les manchots n'ont été découverts que très tardivement.
Semblables aux grands pingouins, une espèce désormais éteinte, ils ont donc été assimilés à leurs cousins de l'hémisphère Nord.
Ainsi, ce n'est qu'au XVIIIe siècle que le biologiste français Buffon en fit une espèce distincte.

DES MANCHOTS QUI NE PEUVENT PAS SE SERVIR DE LEURS AILES… LOGIQUE, NON ?

La **CITRONNELLE** fait fuir les moustiques

FAUX

L'été approche et les nuées de moustiques ne sont plus très loin. Pas de panique, il reste encore un peu de citronnelle… **Mais est-ce vraiment efficace ?**

➡ En fait, si l'odeur de cette lotion déboussole un peu les moustiques à la recherche d'une proie, cet **effet** reste **très limité** puisqu'il ne dure au maximum qu'une ou deux heures.

Les moustiques, eux, restent toujours dans les parages, prêts à piquer lorsque vous vous y attendrez le moins.

En effet, **votre odeur corporelle ainsi que la chaleur de votre organisme sont de véritables aimants à insectes**, lesquels raffolent des vapeurs de CO_2 qui émanent naturellement de vous.

NÉANMOINS, POUR LES FAIRE FUIR, QUELQUES REMÈDES SONT CONNUS. LE PLUS RADICAL D'ENTRE EUX EST UN SPRAY COMBINANT 4 MOLÉCULES RECONNUES COMME ÉTANT RÉPULSIVES : LE DEET, L'IR3535, LA PICARIDINE ET LE PMDRBO. CELUI-CI SE VAPORISE, IDÉALEMENT, SUR DES VÊTEMENTS À MANCHES LONGUES AINSI QUE SUR UNE MOUSTIQUAIRE. VOUS VOILÀ FIN PRÊT POUR AFFRONTER CES PETITS VAMPIRES !

Réveiller un SOMNAMBULE est dangereux

FAUX

Voir un dormeur se déplacer : en voilà une expérience atypique. Même si chacun se trouve désemparé face à un tel spectacle, il est communément admis qu'il ne faut surtout pas réveiller un somnambule. Pire : des rumeurs laissent entendre qu'**un somnambule sorti de son sommeil risquerait la mort. Est-ce vraiment le cas ? Du tout !**

➡ En fait, sortir un somnambule de son sommeil ne comporte guère plus de risques que si vous réveillez quelqu'un en plein rêve. Ainsi, sur le plan cardiaque ou neurologique, cela ne présente **aucune conséquence fâcheuse**.

Il convient néanmoins d'être doux et progressif, afin de ne pas réveiller brutalement le dormeur, lequel pourrait, dans un tel cas, se cogner ou tomber au sol. Car pendant qu'il déambule, **le somnambule se situe entre les stades 3 et 4 du sommeil**, ce qui équivaut à un sommeil profond.

LA MEILLEURE CHOSE À FAIRE EST DONC DE SURVEILLER SA PROGRESSION, PUIS DE LE RACCOMPAGNER TRANQUILLEMENT AU LIT.FAITES DE BEAUX RÊVES.

Les TOURBILLONS D'EAU tournent dans des sens différents selon l'hémisphère

FAUX

Anecdote souvent citée par les voyageurs, l'histoire des tourbillons qui changent de sens une fois qu'on arrive à l'équateur est particulièrement croustillante. **Pourtant, elle est complètement fausse sur le plan scientifique.**

➡ En fait, prétendre que les filets d'eau s'écoulent dans un sens différent selon l'hémisphère est une exagération du champ d'application de la **force de Coriolis**, laquelle est causée par la rotation de la Terre sur elle-même. Selon cette propriété, les corps en mouvement (comme les cyclones) seront déviés vers la droite s'ils sont dans l'hémisphère Nord et vers la gauche s'ils se trouvent dans l'hémisphère Sud.
Néanmoins, pour que cette loi puisse s'appliquer, il faut que le corps physique en question soit particulièrement massif, ce qui n'est pas du tout le cas d'un lavabo.

AINSI, LORSQUE VOUS OUVREZ VOTRE ROBINET, LE SENS D'ÉCOULEMENT DE L'EAU DÉPENDRA DE MULTIPLES AUTRES FACTEURS, TELS QUE LA FORME, LA TEXTURE DE VOTRE CUVE, OU ENCORE L'ORIENTATION INITIALE DU FILET D'EAU.
DÉSORMAIS, VOUS ÊTES AU COURANT.

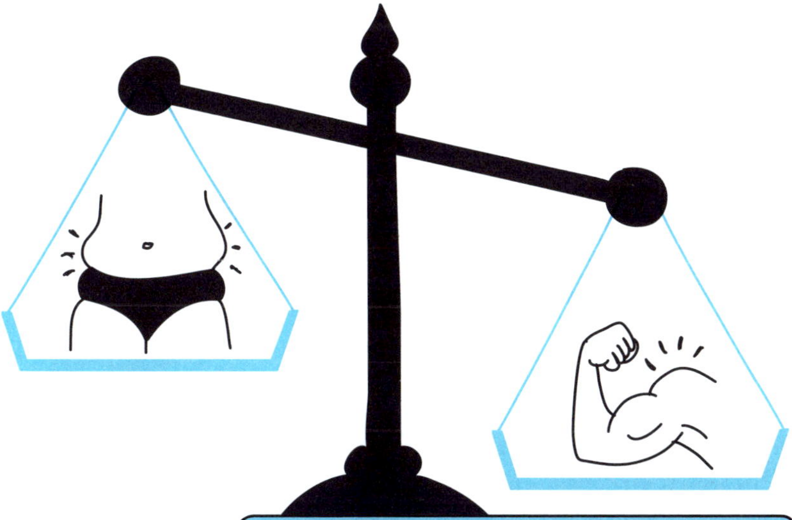

Les **MUSCLES** pèsent davantage que la graisse

FAUX

Les habitués de la salle de sport sont formels : le muscle pèse plus lourd que la graisse. **Pourtant, ce n'est pas vrai !** Pas plus qu'un kilo de plomb ne pèse plus lourd qu'un kilo de plumes, en tout cas.

La confusion vient peut-être du fait que la graisse est plus volumineuse que le muscle.

➡ En effet, à masse égale, **la graisse prend plus de place** que des muscles secs, ce qui s'observe d'ailleurs à l'embonpoint des personnes en surpoids. Cela s'explique, entre autres, par le fait que **la graisse a un volume nettement supérieur** à celui du muscle.

C'est pour cette raison qu'un sportif débutant qui perd de la graisse voit sa silhouette s'affiner de manière considérable.

Le muscle qui se construit prend, en effet, deux fois moins de place que les tissus adipeux qui disparaissent.

AINSI, EN VOUS METTANT AU SPORT, VOUS POUVEZ À LA FOIS MINCIR ET PRENDRE DU POIDS. PARADOXAL, NON ?

Les AUTRUCHES enfouissent leur tête dans le sable pour se cacher des prédateurs

FAUX

« Faire l'autruche » : cette expression imagée est censée fustiger la lâcheté d'un individu qui « mettrait la tête dans le sable » pour ne pas affronter un problème.

Ainsi voyons-nous les autruches comme des oiseaux pouvant enfouir leur tête dans le sable en cas de danger. **Il s'agit là d'une idée erronée** qui nous vient de l'écrivain naturaliste romain **Pline l'Ancien** : dans son *Histoire naturelle*, il a dépeint les autruches comme étant des « oiseaux stupides » qui pensent pouvoir se cacher en « plongeant leur tête dans le sable ».

Ces propos, dont la pertinence n'a vraisemblablement jamais été vérifiée, ont été relayés par des générations de naturalistes qui ont fini par ancrer cette image dans l'inconscient populaire.

➡ En réalité, le quiproquo trouve probablement sa source dans le comportement de ce grand oiseau face à ses prédateurs.

Afin d'échapper à la vue de ces derniers, **l'autruche baisse** en effet **son cou au niveau du sol**, pour prendre l'apparence d'une simple dune.

PAS BÊTE, COMME IDÉE !

L'ANANAS est un fruit

FAUX

Mmmh l'ananas... c'est bon, sucré... c'est forcément un fruit, non ?

Perdu ! Enfin, pas tout à fait...

L'ananas n'est pas un simple fruit, mais **un ensemble de fruits** soudés entre eux.

➡ Nommé *Ananas comosus*, celui-ci est une espèce terrestre de plante herbacée, appartenant à la famille des broméliacées. Planté par semis, il se trouve au sommet d'une tige, lorsqu'il arrive à maturation. C'est à ce moment qu'il faut le cueillir, pour pouvoir le consommer.

À l'instar des framboises ou des marguerites, l'ananas se compose de la jonction de baies et de bractées autour de l'axe de son épi. Ce type de végétation, que les botanistes appellent **« syncarpe »**, ne laisse pas encore les graines germer sous les bractées lorsqu'ils sont cueillis, puisque les ananas se consomment bien avant leur floraison.

De fait, un fruit étant une fleur qui s'est développée après fécondation, l'ananas est donc **un agglutinement de 100 à 200 fleurs**, réunies en un épi de baies, constituant la très prisée chair de l'ananas.

BON APPÉTIT !

La TOMATE est un légume

FAUX

Mmmh la tomate... son goût salé... sa sauce délicieuse... c'est forcément un légume, non ?

Encore perdu ! Au sens botanique, la tomate est bel et bien un fruit.

En effet, comme l'exige la définition, la tomate est un organe végétal qui contient des graines – en l'occurrence des pépins – sous sa chair.

➡ En réalité, si nous estimons communément que la tomate est un légume, c'est tout simplement parce que ce **fruit au goût salé** se cuisine dans nos entrées et nos plats principaux, en plus de se cultiver en potager. Salades, pizzas, plats en sauce, nombreux sont, en effet, les mets qui mettent à l'honneur ce fruit délicieux qui n'a été introduit en Europe qu'à partir du XVIe siècle.

Originellement cultivée en Amérique du Sud, la tomate a depuis conquis la planète, au point de devenir **l'aliment le plus mangé au monde**.

SA CONSOMMATION A TOUTEFOIS ÉVOLUÉ AVEC LE TEMPS ET IL N'EST PAS RARE, DÉSORMAIS, DE LA DÉGUSTER EN JUS, COMME UN FRUIT ORDINAIRE.

Une CIGARETTE allumée peut enflammer une traînée d'essence

FAUX

Un mégot qui tombe, une traînée d'essence qui s'enflamme : tout explose. Voilà une scène que vous avez dû voir souvent dans de nombreux films d'action.

Pourtant, celle-ci est complètement irréaliste.

➡ En effet, pour qu'une réaction chimique semblable à une telle explosion puisse s'opérer, il faut un minimum de chaleur en premier lieu, afin que des gaz et des vapeurs inflammables puissent émaner du liquide.

Or, une simple cigarette allumée est **bien loin des 250 °C nécessaires** à la provocation d'une telle combustion.

Quand on tire dessus, pourtant, la température de ses cendres peut atteindre 500 °C, mais une fois jetée dans une flaque, celle-ci s'éteint sans causer de dégât.

DE MÊME, UN RÉSERVOIR D'ESSENCE NE PEUT PAS EXPLOSER, ET CE, POUR À PEU PRÈS LES MÊMES RAISONS. EN EFFET, VU QUE LE CARBURANT CONTENU NE PEUT ÉMETTRE AUCUNE VAPEUR INFLAMMABLE, L'ESSENCE QUI S'ÉCOULE VA TOUT SIMPLEMENT BRÛLER SI ELLE ENTRE EN CONTACT AVEC UN COMBURANT QUELCONQUE.
UN AUTRE MYTHE QUI S'EFFONDRE !

Le YÉTI est un grand singe

FAUX

« L'abominable homme des neiges » : voilà qui a de quoi effrayer les randonneurs les plus chevronnés.

Popularisé par Lovecraft, Hergé et bien d'autres auteurs du genre fantastique, le yéti est un animal fascinant et effrayant, qui vivrait au sommet des montagnes himalayennes. **Est-ce un homme de Neandertal ? Un singe ? Nul n'a de certitude à ce sujet.**

➡ En effet, son portrait, dressé par les populations environnantes (surtout les Sherpas), le présente sous l'apparence d'un **hominidé gigantesque, marchant sur ses pattes arrière**. Des présumées traces de celles-ci auraient même été trouvées par divers zoologues. Ceux-ci s'interrogent encore sur la nature d'une telle créature.

Il pourrait bien s'agir d'un des derniers représentants du **gigantopithèque**, un très grand singe censé avoir disparu depuis des millénaires.

MAIS COMMENT EXPLIQUER, ALORS, QUE PAS PLUS DE TRACES N'AIENT ÉTÉ TROUVÉES DANS LA RÉGION ? POUR SURVIVRE, IL FAUT BIEN SE REPRODUIRE. DANS L'ATTENTE D'UNE DÉCOUVERTE MAJEURE, LE YÉTI RESTE DONC UN CRYPTIDE, AUTREMENT DIT, UN ANIMAL FANTASTIQUE.

La MASTURBATION rend sourd

FAUX

« Ne te masturbe pas, il paraît que ça rend sourd. » À force d'être répétée, cette petite vanne a fini par instiller le doute chez bon nombre de personnes.

Nulle crainte, néanmoins, **la surdité n'a rien à voir avec l'onanisme**.

En revanche, cette rumeur est bien plus vieille qu'on ne pourrait le penser.

➡ En effet, il faut remonter au XVIIIe siècle pour voir la première occurrence de cette assertion.

Samuel Auguste Tissot, médecin suisse et puritain convaincu, écrit à cette époque un véritable brûlot condamnant la pratique de la masturbation, sous le titre *L'onanisme, dissertation sur les maladies produites par la masturbation*.

Dès lors, l'idée fait son chemin, jusqu'à être accréditée par le *Larousse médical* lui-même.

Il faudra cependant attendre la révolution sexuelle du XXe siècle pour que cette théorie farfelue soit désavouée.

UN AUTRE MYTHE QUI S'ÉBRANLE.

Il est **INTERDIT** de se marier avec son cousin

FAUX

Même si la démarche peut paraître surprenante, rien n'interdit de se marier avec son cousin ou sa cousine.

➡ En effet, **selon le Code civil, seuls deux types d'union sont prohibés**. D'abord entre des personnes **« en ligne directe »**, c'est-à-dire pour un individu donné, avec sa mère, son père, ses grands-parents, ses arrière-grands-parents, mais aussi ses enfants et petits-enfants.

La seconde catégorie de mariages interdits sont ceux **« en ligne collatérale »**, c'est-à-dire avec sa sœur, son frère, son oncle, sa nièce, sa tante ou son neveu. L'union entre cousins n'entrant dans aucun de ces deux cas, elle est autorisée légalement.

En revanche, d'un point de vue religieux, c'est plus compliqué ! **Le Code de droit canonique interdit** en effet **les mariages entre personnes parentes** en ligne directe ou en ligne collatérale **jusqu'au quatrième degré inclus**. Or le quatrième degré en ligne collatérale correspond précisément aux cousins germains.

SE MARIER AVEC SON COUSIN… À LA MAIRIE : OUI. À L'ÉGLISE : UNIQUEMENT AVEC UNE DISPENSE ÉMANANT D'UN ÉVÊQUE OU DU PAPE EN PERSONNE.

ALBERT EINSTEIN avait des difficultés en mathématiques à l'école

FAUX

Voilà de quoi consoler les plus rétifs à l'apprentissage des mathématiques ! Si Einstein lui-même, ce génie du XXe siècle, le père de la théorie de la relativité générale, était nul en maths, alors rien n'est perdu pour ceux que les chiffres rebutent. **Malheureusement la réalité est tout autre...**

Le jeune Albert Einstein appréciait peu les sciences naturelles. C'est un fait. Il n'aimait pas non plus les langues, sûrement parce qu'il fut un locuteur tardif. En effet, il semble qu'il ne sut parler que vers l'âge de 3 ans, alors qu'en règle générale, les enfants disent leurs premiers mots entre 10 et 15 mois. Quoi qu'il en soit, ses résultats dans ces matières étaient peu reluisants.

Par contre, il ne rencontrait aucune difficulté en mathématiques.

➡ En effet, il trouvait au contraire que ses enseignants limitaient ses capacités, et préférait avancer **à son rythme** grâce aux livres d'algèbre et de géométrie que lui offraient ses parents.

MAIS CETTE RUMEUR D'UN EINSTEIN MAUVAIS EN MATHS VIENT PEUT-ÊTRE SURTOUT DU FAIT QU'IL DUT DEMANDER À DES MATHÉMATICIENS DE L'AIDER À ÉLABORER SA THÉORIE DE LA RELATIVITÉ GÉNÉRALE.

Les MICRO-ONDES laissent s'échapper des ondes néfastes

FAUX

Les micro-ondes sont des ondes du même type que la lumière visible, les rayons X ou les ondes radio. Les fours du même nom utilisent ces ondes pour chauffer les aliments.

Même si plus de 90 % des foyers français possèdent ce type de four, il plane toujours sur ces appareils un soupçon de nocivité. Les ondes qu'ils émettent seraient dangereuses pour la santé.

Pourtant, si votre appareil n'a pas été endommagé et qu'il respecte la règlementation européenne, il n'y a aucune risque.

➡ Cette règlementation oblige les fabricants à respecter des normes de sécurité très strictes. Par exemple, des études ont montré que les déperditions des micro-ondes de normes CE sont de 10 à 100 fois inférieures aux valeurs tolérées.

Par ailleurs, la cuisson au micro-ondes ne génère pas de molécules cancérigènes, car les aliments ne brûlent pas. En effet les micro-ondes chauffent les aliments grâce à des ondes électromagnétiques qui agitent **uniquement les molécules d'eau** (près de 2,5 milliards de fois par seconde).

VOUS POUVEZ CONTINUER SANS CRAINTE À FAIRE DÉCONGELER, RÉCHAUFFER OU CUIRE VOS PLATS PRÉFÉRÉS DANS VOTRE MICRO-ONDES.

Le PÈRE NOËL rouge a été créé par Coca-Cola

FAUX

Voici une idée reçue greffée sur un personnage imaginaire ! Ce n'est pas vraiment commun. La marque Coca-Cola serait ainsi à l'origine de la couleur rouge du Père Noël. **C'est faux !**

➡ Saint Nicolas, dont la légende donna naissance à la figure du Père Noël, portait déjà une tenue de cette couleur.

L'évêque Nicolas, né au IIIe siècle, est ainsi représenté avec une crosse d'évêque, une cape rouge et une longue barbe dès le Moyen Âge.

Comme le Père Noël aujourd'hui, il se déplaçait de maison en maison, à dos d'âne et non en traîneau. Il apportait ainsi des friandises aux enfants sages alors que le Père Fouettard, son assistant, habillé de noir, punissait les plus désobéissants.

Bien plus tard, dans la première partie du XXe siècle, alors que la figure du Père Noël est déjà familière, **Coca-Cola décide d'utiliser son image pour accroître ses ventes**.

L'ARTISTE HADDON SUNDBLOM LE DESSINE ALORS SELON SA REPRÉSENTATION TRADITIONNELLE, C'EST-À-DIRE EN ROUGE, DONNANT À CETTE TEINTE UN CARACTÈRE PRESQUE OFFICIEL !

Les TROUS NOIRS aspirent tout ce qui se trouve autour d'eux

FAUX

Il suffit de les évoquer pour susciter la crainte !
Dans l'Univers, les trous noirs sont des régions de l'espace d'une intensité si grande qu'ils exercent une attraction qui empêche toute forme de matière d'en sortir. Ils sont tellement denses et lourds que leur champ gravitationnel ne laisse rien échapper, pas même la lumière !
C'est pourquoi on les appelle ainsi.
➡ S'il est donc vrai qu'**il est impossible pour un objet qui y pénètrerait d'en sortir**, quelle que soit sa vitesse, il est en revanche faux d'affirmer que les trous noirs aspirent tout autour d'eux.
En effet, **pour « tomber » dedans, il faut en être très proche**. Sinon, la trajectoire de l'objet ou de la lumière concernée est simplement déviée. Par contre, plus le trou noir est gros, plus le champ gravitationnel qui l'entoure est déformé et plus il attire la matière qui tourne autour de lui.

CERTAINS ASTRONOMES ONT ÉMIS L'HYPOTHÈSE QU'UN TROU NOIR POURRAIT PERMETTRE DE VOYAGER DANS L'ESPACE ET DANS LE TEMPS. SELON EUX, L'ESPACE AUTOUR DU TROU NOIR EST TELLEMENT PLIÉ SUR LUI-MÊME QU'EN Y PÉNÉTRANT, ON SE TROUVERAIT INSTANTANÉMENT AILLEURS.

La COULEUR ROUGE rend les taureaux agressifs

FAUX

« Ne vous rendez pas à une corrida vêtu d'une veste rouge, vous risqueriez d'exciter la bête ! »

Les taureaux n'aimeraient pas le rouge, et cela expliquerait leur agressivité face aux toreros. **Rien de plus faux !**

➡ La composition de la rétine de ces animaux, avec peu de cônes (qui permettent de distinguer les couleurs) et beaucoup de bâtonnets (utiles pour voir dans l'obscurité), les empêche vraisemblablement de distinguer clairement les couleurs. **Leur vision serait limitée aux nuances de noir et de blanc.**

D'ailleurs à l'origine, la muleta, ce drap de forme ovoïde, long d'une cinquantaine de centimètres et qui joue le rôle de leurre depuis le début du XVIIIe siècle, était blanc ! Si le rouge fut finalement adopté et s'est imposé, ce n'est que pour des raisons de visibilité. Pour le spectacle donc.

DÈS LORS, COMMENT EXPLIQUER LA COLÈRE DU TAUREAU DANS L'ARÈNE ?
ELLE EST DUE NOTAMMENT À LA DOULEUR PROVOQUÉE PAR LES BANDERILLES PLANTÉES SUR SON DOS, MAIS ELLE S'EXPLIQUE AUSSI PAR L'ATTITUDE AGRESSIVE DU TORERO QUI AGITE DEVANT LUI LA MUTELA.

La MÉMOIRE des poissons rouges est limitée à quelques secondes

FAUX

Les poissons rouges ne seraient pas à plaindre, eux qui sont parfois enfermés dans un bocal de quelques dizaines de centimètres cubes toute leur vie. Leurs propriétaires pourraient les contraindre à un tel sort sans que cela pèse sur leur conscience puisque ces animaux n'auraient aucun souvenir plus ancien que 3 secondes. Redécouvrant sans cesse leur environnement, ils n'auraient aucunement la sensation d'être enfermés.

Toutefois, des scientifiques ont montré ces dernières années que **ces poissons avaient une mémoire bien plus longue** !

➡ Pour preuve, tout comme les chiens avec le réflexe de Pavlov, les poissons rouges savent identifier un son associé à de la nourriture plusieurs mois après l'avoir entendu. Ils sortent également plus vite d'un labyrinthe déjà exploré un mois plus tôt. Enfin, les poissons rouges parviennent à trouver plus rapidement une cachette se trouvant dans leur aquarium habituel que dans un nouveau bocal.

AUSSI, LA PROCHAINE FOIS, AVANT DE PLACER UN POISSON ROUGE DANS UN AQUARIUM, APPLIQUEZ-VOUS POUR LA DÉCORATION, CAR SINON IL POURRAIT S'EN LASSER !

Les ÉLÉPHANTS cherchent à rejoindre un lieu précis pour mourir

FAUX

L'existence de ce que l'on nomme **le « cimetière des éléphants »**, ce lieu où les pachydermes se rejoindraient en fin de vie, **est un mythe** !

➡ Il apparut au XIXe siècle dans l'imaginaire collectif de nombreux pays en raison de la présence avérée d'amas de squelettes d'éléphants regroupés à certains endroits.

Plusieurs hypothèses expliquent ce phénomène. Parmi elles, le fait que des troupeaux peuvent être piégés dans les sables mouvants, ou mourir de famine ensemble. De plus, les vieux éléphants dont les dents se dégradent peuvent se regrouper dans des marais où la végétation est plus adaptée.

Ainsi, l'état physique et les besoins alimentaires pousseraient ces bêtes à **se regrouper là où l'accès à l'eau et à la nourriture est plus aisé**.

En revanche, il est exact que les éléphants peuvent s'attarder longtemps auprès de la dépouille d'un membre du groupe. Ils font preuve d'un intérêt certain pour les ossements et les défenses de leurs congénères morts. **VOUS NE VOUS TROMPEREZ PLUS !**

Les ÊTRES HUMAINS possèdent 5 sens

FAUX

Depuis Aristote et le deuxième livre de son traité *De l'âme*, il est communément admis en Occident que les êtres humains possèdent 5 sens : **la vue, l'ouïe, l'odorat, le goût et le toucher**.

➡ Or si l'on considère que le terme sens désigne les « modes de perception » de ce qui nous entoure, les 5 sens précités ne sont pas les seules ressources physiologiques dont nous disposons pour percevoir le monde.

Si les scientifiques ne sont pas tous d'accord sur le nombre exact de sens existants, celui de 9 semble un minimum. Voici les 4 sens supplémentaires : **la thermoception**, c'est-à-dire l'aptitude à ressentir la température ; **la nociception**, la perception de la douleur ; **l'équilibrioception**, ou le sens de l'équilibre ; et enfin la **proprioception**, c'est-à-dire la capacité de ressentir et de localiser – sans utiliser ses yeux – ses membres et organes.

MAIS NOS SENS SERAIENT BIEN PLUS NOMBREUX ! POUR CERTAINS, CELA NE FAIT AUCUN DOUTE. IL FAUDRAIT AINSI AJOUTER À LA LISTE NOTAMMENT LA FAIM ET LA TONICEPTION, LA FACULTÉ DE RESSENTIR NOTRE TENSION MUSCULAIRE.

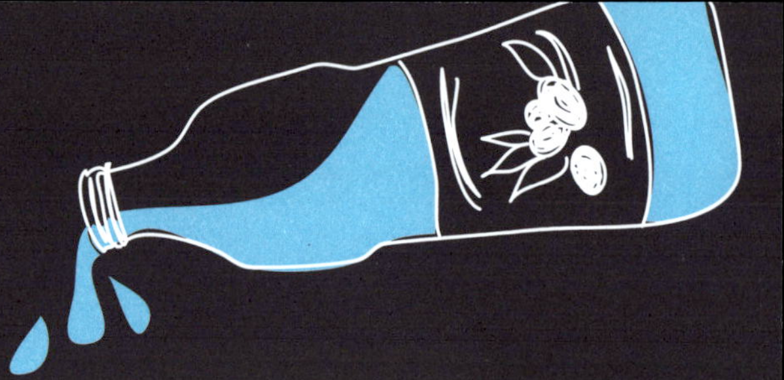

Ajouter **DE L'HUILE** aux pâtes les empêche de coller

FAUX

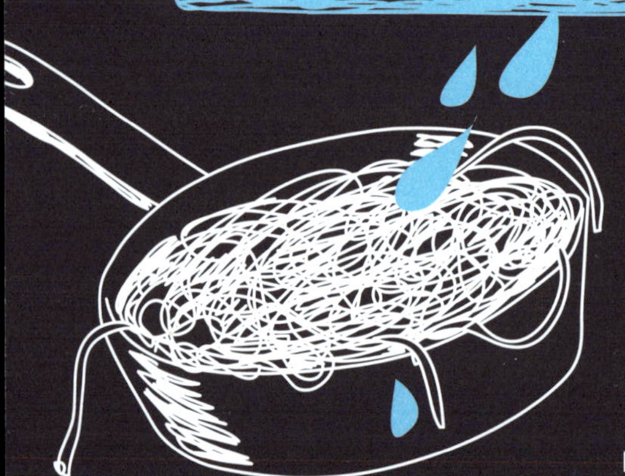

Les pâtes ont tendance à coller, car, durant la cuisson, leur amidon se décompose, ce qui libère de l'amylose, une substance très collante. Heureusement, vous connaissez une astuce de grand-mère : verser un filet d'huile dans l'eau de cuisson avant de la faire bouillir.

Malheureusement, ce corps gras n'a aucun effet !

➡ La raison est simple et tient à la nature même de l'huile. Il s'agit en effet d'un **produit « hydrophobe »**, ce qui signifie que l'huile ne se mélange pas à l'eau. Pendant la cuisson, l'huile va ainsi rester à la surface et n'entrera jamais en contact avec les pâtes. Elle ne peut donc à aucun moment les faire glisser entre elles.
En revanche, ajouter un peu d'huile (d'olive par exemple) **après avoir égoutté les pâtes** permet de les séparer efficacement.

DE MÊME, FAITES-LES TOUJOURS CUIRE DANS UN GRAND VOLUME D'EAU BOUILLANTE SALÉE : 1 LITRE D'EAU ET 10 GRAMMES DE SEL POUR 100 GRAMMES DE PÂTES.

Les **POILS** repoussent plus drus après avoir été rasés

FAUX

Le rasage influencerait la repousse des poils. D'après cette idée reçue, raser, plutôt qu'épiler ses poils, aurait pour conséquence de les faire repousser non seulement plus vite mais plus sombres et épais.

Il n'en est rien !

➡ La vitesse de pousse semble plus rapide pour la simple et bonne raison que les poils sont rasés, ou sectionnés, au ras de la peau. Le poil qui repousse est plus rapidement visible que s'il est épilé, car dans ce dernier cas, le bulbe disparaît aussi. Il faut donc plus de temps pour que celui-ci se reconstitue.

De plus, lorsqu'un poil est coupé, son extrémité est **en forme de biseau** et non plus effilée, sa forme naturelle. Cette pointe est donc **plus large**, **plus visible**, et paraît **plus sombre**. Au toucher, la forme de biseau donne également l'impression que le poil est **plus rugueux**.

PAR AILLEURS, LORS DU RASAGE, LE FOLLICULE N'ÉTANT PAS AFFECTÉ, ON COMPREND MAL COMMENT CETTE PRATIQUE POURRAIT AVOIR UNE QUELCONQUE INFLUENCE SUR LE NOMBRE DE POILS ENVIRONNANTS.

Les ÊTRES HUMAINS n'utilisent que 10 % de leur cerveau

FAUX

On entend même parfois dire que si nous utilisions les 90 % inexploités, nous pourrions développer des capacités paranormales. Tout cela relève du mythe. **Nous utilisons tout notre cerveau**, et cela nous coûte beaucoup d'énergie, à peu près 20 % de toute celle que nous produisons. Ainsi, nous dépensons cette énergie pour faire marcher nos 90 milliards de neurones. Nous utilisons donc notre cerveau à plein régime !

➡ Ce mythe serait né de **psychologues de Harvard** qui développèrent au XIXe siècle l'**idée d'une réserve d'énergie**. Si ce mythe était fondé, alors notre corps ne pourrait tout simplement pas fournir l'énergie suffisante pour faire fonctionner notre cerveau à 100 %. La théorie de l'évolution suffit à mettre à mal cette idée reçue.

IL EST EN REVANCHE EXACT QUE TOUTES LES ZONES DU CERVEAU NE SONT PAS ACTIVÉES AVEC LA MÊME INTENSITÉ, EN MÊME TEMPS. IL EXISTE À UN MOMENT T DES ZONES PLUS ACTIVES QUE D'AUTRES, MAIS TOUTES SONT D'UNE FAÇON OU D'UNE AUTRE UTILISÉES.

Les CHIFFRES sont d'origine arabe

FAUX

Les chiffres « arabes » 1, 2, 3, 4, 5, 6, 7, 8, 9 sont nommés ainsi à tort. **Ils sont en réalité indiens !**

Si les prémices des chiffres ont été inventées en Inde au IIIe siècle avant J.-C., la plus ancienne apparition des chiffres tels que nous les connaissons, c'est-à-dire de 1 à 9, date du VIe siècle, toujours en Inde. Leur usage se généralisa à partir du IXe siècle.

➡ **Cette numérotation fut en effet reprise par les Arabes.** Ainsi, au VIIIe siècle, alors que l'Islam était en pleine expansion dans une partie de l'Afrique et de l'Asie, ils firent traduire les œuvres scientifiques des zones conquises. Ces chiffres sont notamment décrits dans un ouvrage d'Al-Khawarizmi, puis introduits en Europe par les mêmes Arabes au Xe siècle. Les tout premiers documents attestant de l'usage de ce système en Europe datent de 976.

Ces chiffres ont ensuite progressivement pris la place des chiffres romains et leur usage s'est imposé au monde entier.

LEUR ATOUT MAJEUR EST DOUBLE POUR L'ÉPOQUE : ILS AUTORISENT UNE NOTATION FACILE DANS LE SYSTÈME DÉCIMAL UTILISÉ EN EUROPE ET RENDENT PLUS FACILES LES OPÉRATIONS SUR LES GRANDS NOMBRES.

L'ÉPINARD est la meilleure source de fer alimentaire

FAUX

La légende de l'épinard, aliment le plus riche en fer, est à l'origine du supplice subi par des générations entières d'enfants devant leurs assiettes, contraints d'avaler cette masse verdâtre. Des efforts largement injustifiés !

En effet l'épinard contient 2,7 mg de fer pour 100 grammes de feuilles fraîches. **Une teneur intéressante en fer mais qui est loin d'être un record.** Il ne s'agit nullement de l'aliment le plus riche en fer. Par exemple, il y en a davantage dans les lentilles ou les haricots. Par ailleurs, le fer d'origine animale est mieux absorbé par l'organisme. Huîtres et palourdes, rognons et viande rouge n'ont rien à envier aux épinards. **D'où vient donc cette idée fausse ?**

→ Certainement de l'erreur d'un scientifique. En 1870, le biochimiste allemand **Emil von Wolf** s'intéresse à la composition nutritionnelle des aliments. Au moment de consigner dans son carnet celle des épinards, il commet une faute. Il note **« 27 mg »**, **au lieu de 2,7 mg**, pour 100 grammes.

UNE ERREUR BÊTEMENT REPRISE QUI CONDUIRA PRÈS D'UN SIÈCLE PLUS TARD À FAIRE AVALER À POPEYE UNE BOÎTE D'ÉPINARDS !

ADOLF HITLER était végétarien

FAUX

Parmi tous les mythes entourant Hitler, celui qui veut que le Führer ait été végétarien a connu un grand succès.

Pourtant, il mangeait bien de la viande !

Devenu chancelier en 1933, Hitler nomme **Joseph Goebbels** ministre du Reich à l'Éducation du peuple et à la Propagande. Responsable des contenus diffusés dans les médias, il utilise son poste pour façonner l'image d'Hitler.

Parmi les mensonges utiles pour lui donner une **réputation raffinée** figure son prétendu végétarisme.

➡ Des témoignages recueillis depuis prouvent qu'il s'agit en fait d'une contre-vérité. Par exemple, un de ses cuisiniers a raconté que, s'il ne mangeait pas de poisson, il appréciait les saucisses, le jambon et le Leberknödel, un plat traditionnel allemand constitué de « boulettes de foie ».

MAIS GOEBBELS N'A PAS INVENTÉ DE TOUTES PIÈCES LE VÉGÉTARISME D'HITLER PUISQUE CELUI-CI, SOUFFRANT DE PROBLÈMES D'ESTOMAC, A DÛ RÉDUIRE PROGRESSIVEMENT SA CONSOMMATION DE VIANDE, TOUT EN FAISANT DES RÉGIMES À BASE DE FRUITS ET LÉGUMES.

La grande MURAILLE DE CHINE est visible à l'œil nu depuis la Lune

FAUX

La Grande Muraille de Chine serait la seule construction humaine visible depuis l'espace.
Nous devons cette fausse information à **William Stukeley**, un antiquaire anglais du XVIIIe siècle. Dans une simple lettre, il l'imagine ainsi en 1754 : « *Le mur d'Hadrien n'est dépassé que par la muraille de Chine, qui dessine une formidable figure sur le globe terrestre, et pourrait bien être visible depuis la Lune.* » Succès immédiat. De nombreux écrivains reprirent la formule. **Le mythe était né.**
Ainsi, on retrouve la même affirmation sous la plume du journaliste anglais Henry Norman en 1895 dans un livre consacré à l'Extrême-Orient. De la même manière, en 1972, le président américain Nixon la reprend pour apaiser les relations alors tendues entre son pays et la Chine.
➡ Pourtant, en 1969, la question fut bien posée aux astronautes de la mission Apollo XI qui revenaient justement de la Lune. Neil Armstrong indiqua alors n'avoir jamais pu identifier la muraille de Chine depuis cet astre. Mais deux autres astronautes affirmèrent l'avoir vue, ce qui était vrai, mais **seulement à une distance de 300 kilomètres**, alors que la Lune est à plus de 380 000 kilomètres de la Terre.

DISTINGUER LA GRANDE MURAILLE DEPUIS NOTRE SATELLITE NATUREL REVIENDRAIT À DISTINGUER UN CHEVEU D'UN MILLIMÈTRE DE LARGEUR À 38 KILOMÈTRES !

La JOCONDE est une toile

FAUX

La Joconde serait la toile la plus célèbre du Louvre, voire du monde.

Faux, puisque *La Joconde* n'est pas une toile ! **Il s'agit d'une huile réalisée sur un panneau de bois de peuplier.** Cette œuvre fut donc peinte par Léonard de Vinci sur du bois.

➡ À l'époque de sa réalisation, au tout début du XVIe siècle, ce type de support pour les peintures à l'huile était le plus fréquent. Il fut ensuite progressivement remplacé par la toile, qui avait l'avantage de pouvoir être roulée et transportée facilement.

À propos de *La Joconde*, sachez que le 21 août 1911, un ouvrier italien, Vincenzo Perugia, vola le tableau. Pendant deux ans, l'œuvre resta cachée dans un appartement décrépi de la rue de l'Hôpital-Saint-Louis, dans le Xe arrondissement. Finalement confondu, le voleur dira pour sa défense qu'il voulait « rendre » *La Joconde* à son pays d'origine, l'Italie.

VINCENZO PERUGIA DEVINT, POUR BEAUCOUP D'ITALIENS, UN HÉROS NATIONAL. AU FINAL, IL N'ÉCOPA QUE D'UN AN DE PRISON, PEINE RÉDUITE PAR LA SUITE À 7 MOIS.

La FOUDRE ne peut pas frapper deux fois au même endroit

FAUX

Ce célèbre adage est aussi ancien que faux. La foudre peut parfaitement tomber exactement au même endroit à plusieurs reprises. Tous les ans, plus de 500 000 coups de foudre frappent le sol de France, ce qui équivaut à peu près à un éclair par kilomètre carré.

➡ Mais **la répartition de ces éclairs n'est pas homogène**.

Les zones montagneuses en reçoivent plus du double, comme dans le Massif central, alors qu'au contraire certaines zones du globe, comme le pôle Nord, peuvent passer une année sans être frappées par ce phénomène.

Cela signifie que des facteurs favorisent la foudre, et qu'il existe donc **des conditions d'attractivité** qui expliquent pourquoi, si la foudre est tombée quelque part une fois, elle a beaucoup de chances d'y revenir.

ON SAIT AINSI QUE LES POINTS LES PLUS ÉLEVÉS ATTIRENT DAVANTAGE LES ÉCLAIRS. C'EST LE CAS DES GRATTE-CIEL. CERTAINS D'ENTRE EUX, TOUT COMME DES PYLÔNES OU LES MÂTS, PEUVENT RECEVOIR NON PAS UNE MAIS DES DIZAINES DE FOIS LA FOUDRE TOUS LES ANS !

Le BLEU DES MERS est dû à la réflexion du ciel sur leur surface

FAUX

Ce qui explique la couleur bleue de la mer ou des océans n'est pas à proprement parler la réflexion de l'image du ciel sur la surface de ces étendues d'eau. **C'est la lumière blanche du soleil qui est en cause ici.**

➡ Cette lumière est constituée de différentes longueurs d'onde à l'origine des couleurs du spectre visible. Quand la mer reçoit cette lumière, elle ne traite pas toutes les longueurs d'onde de la même manière. Elle absorbe largement les grandes longueurs d'onde comme le jaune ou le rouge, et dans une bien moindre mesure celles du bleu. Conséquence : elle les renvoie vers l'extérieur.

Ainsi, **le bleu est la couleur la plus réfractée par l'eau de la mer**.

Si la mer apparaît parfois comme teintée de jaune ou de marron, cela s'explique par la présence de matières minérales, comme le sable, en suspension dans l'eau, qui modifient les longueurs d'onde réfléchies par ce milieu.

LA COULEUR VERTE DE LA MER EST DUE, QUANT À ELLE, À DES MICROALGUES QUI ABSORBENT LE BLEU DE LA LUMIÈRE VIA LEURS PIGMENTS CHLOROPHYLLIENS POUR EFFECTUER LEUR PHOTOSYNTHÈSE.

Les NUAGES sont constitués de vapeur d'eau

FAUX

S'il y a bien de la vapeur d'eau dans les nuages, ces deniers sont surtout **composés de milliards de gouttelettes d'eau liquide ou de cristaux de glace**. Leur taille est tellement petite qu'ils sont invisibles à l'œil nu. Mais, côte à côte, ils réfléchissent la lumière et donnent leur couleur blanche aux nuages.

➡ La densité d'eau d'un nuage est en **moyenne de 0,5 g/m³**. Ainsi, un nuage de 100 kilomètres cubes comprend 50 000 tonnes d'eau liquide. Mais certains d'entre eux sont bien plus grands et donc bien plus lourds.

Les nuages les plus courants de type cumulus peuvent peser 2 000 tonnes, même si tout dépend bien entendu de leurs longueur et hauteur. Mais un nuage d'orage (cumulonimbus) peut atteindre 500 000 tonnes d'eau.

QUANT AUX ORAGES FORMÉS D'UN AMAS DE PLUSIEURS CUMULONIMBUS, ILS PEUVENT FAIRE PESER AU-DESSUS DE NOS TÊTES DES MASSES ALLANT JUSQU'À 25 MILLIONS DE TONNES, C'EST-À-DIRE LE POIDS D'UN ICEBERG DE 200 MÈTRES DE LONG SUR 75 DE HAUT.

Le droit de cuissage est la coutume selon laquelle, au Moyen Âge, un seigneur avait le droit d'avoir des relations sexuelles avec la femme d'un sujet, vassal ou serf, la première nuit de ses noces. **Il s'agit d'un mythe dont l'origine date du XVIIIe siècle.**

➡ Il fut popularisé par les philosophes des Lumières, puis par différents auteurs républicains du XIXe siècle, dans le seul but de critiquer la période médiévale et, par contraste, de mettre en lumière les progrès dus à l'instauration de la République.

Voltaire fut l'un des premiers à dénoncer cette pratique inexistante dans un article nommé « Cuissage ou Cullage ».

Cependant, ces mêmes auteurs ne s'arrêtèrent pas en si bon chemin. Ils inventèrent également le **droit de ravage**, en vertu duquel le seigneur était censé pouvoir détruire les récoltes dans les champs de ses sujets ; mais aussi le **droit de prélassement**, prétendu droit seigneurial qui autorisait un seigneur (toujours !) à faire éventrer ses serfs pour se réchauffer les pieds dans leurs entrailles fumantes !

RIEN N'ÉTAIT ASSEZ HORRIBLE POUR CRITIQUER LE MOYEN ÂGE.

Il faut 7 ans pour digérer un CHEWING-GUM

FAUX

Selon cette croyance, un chewing-gum ingéré serait condamné à rester coincé dans le ventre, collé aux parois pendant des années.
En réalité, il n'en est rien. Il ne s'agit que d'une idée véhiculée par les parents pour dissuader leurs enfants d'en mâcher.
Aucun risque n'est encouru après une telle ingestion.
➡ Certes, le chewing-gum ne sera pas digéré, car ces gommes sont pour la plupart principalement composées d'éléments non digestibles par l'organisme. Il mettra donc **plus de temps** qu'un aliment normal **à être évacué**. Mais cela finira par arriver. Il sera inévitablement repoussé vers la sortie via les selles, au bout de quelques jours.

DANS DE TRÈS RARES CAS, DES PROBLÈMES DE SANTÉ ONT ÉTÉ OBSERVÉS. CE FUT LE CAS DANS LES ANNÉES 1990 CHEZ UN ENFANT DE 4 ANS RESTÉ CONSTIPÉ PENDANT DE NOMBREUX MOIS. IL FAUT DIRE QUE SES PARENTS LUI DONNAIENT 6 CHEWING-GUMS PAR JOUR, QU'IL AVALAIT SYSTÉMATIQUEMENT. AGGLOMÉRÉS, ILS ONT FINI PAR FORMER UNE MASSE SOLIDE COINCÉE DANS LE RECTUM.

Les **FORÊTS** disparaissent en France

FAUX

C'est faux. C'est même le contraire !

La France possède aujourd'hui sur son territoire autant de surface forestière qu'au Moyen Âge ! Environ 155 000 kilomètres carrés, soit 10 % des forêts européennes. Cette surface ne cesse de s'étendre au rythme de 50 000 hectares par an.

➡ Au VIe siècle avant notre ère, il y en avait certes davantage, environ 400 000 kilomètres carrés. Mais depuis le XIXe siècle, la forêt ne cesse de gagner du terrain. À cette époque, la superficie la plus basse fut atteinte avec seulement 75 000 kilomètres carrés, soit 13,6 % du territoire, alors qu'elle est aujourd'hui, comme au Moyen Âge, de **28 %**. Malheureusement, ce qui est vrai dans notre pays ne l'est pas partout dans le monde. Sur les 4 milliards d'hectares de forêts qui recouvrent un tiers des terres émergées de notre planète, 13 millions disparaissent chaque année. Un terrain de foot de forêt perdu à chaque seconde !

LA ZONE LA PLUS TOUCHÉE EST L'AMÉRIQUE CENTRALE : MOINS 19 % EN 15 ANS. EN AFRIQUE, C'EST MOINS 6,6 %, MAIS EN EUROPE, PLUS 7,3 %.

L'ÉCOLE est obligatoire

FAUX

Bonne nouvelle pour tous les enfants : aller à l'école n'est pas obligatoire !

Malheureusement pour eux, **leurs parents ont l'obligation de leur donner une instruction**, qu'ils soient français ou étrangers, à partir de 6 ans et jusqu'à l'âge de 16 ans révolus.

➡ Ainsi, les parents sont libres de choisir le mode d'instruction. Il peut s'agir d'une scolarisation classique dans un établissement scolaire, public ou privé, ou d'une instruction réalisée à la maison.

Dans le cas d'une scolarisation à domicile, aucun diplôme particulier n'est requis ! En revanche, **un inspecteur effectuera un contrôle** afin de déterminer si l'enfant reçoit bien une instruction et s'il acquiert des connaissances. Il doit s'assurer de sa progression.

Pour parvenir à ce but, la liberté est grande puisque l'instruction à la maison ne doit pas obligatoirement respecter les programmes de l'Éducation nationale. Mais, si après deux contrôles l'inspecteur juge les résultats insuffisants, il peut imposer aux parents d'inscrire leur enfant dans un établissement scolaire sous 15 jours.

L'INSTRUCTION À DOMICILE, PEUT ÊTRE FAITE PAR LES DEUX PARENTS, L'UN D'ENTRE EUX, OU TOUTE PERSONNE DE LEUR CHOIX.

SE BAIGNER après un repas est dangereux

FAUX

Votre grand-mère vous l'a dit et redit : il faut absolument éviter de se baigner après avoir mangé, si vous ne voulez pas y laisser votre peau. La température du corps augmenterait légèrement pendant la digestion, ce qui favoriserait les risques de faire un malaise par choc thermique au moment de rentrer dans l'eau. **Fadaises !**

➡ Le pire qui puisse arriver est un inconfort, des crampes d'estomac, et encore, après un repas gargantuesque.

Le seul vrai risque qui existe quand on se baigne est celui lié à l'hydrocution. Celle-ci peut en effet survenir après un refroidissement brutal du corps. Mais il faut pour cela que votre corps soit très chaud, et que vous plongiez dans une eau très froide. Or, la hausse de température entraînée par la digestion est bien trop faible pour vous faire courir un risque d'hydrocution.

POUR ÉVITER L'HYDROCUTION, IL SUFFIT DE RENTRER PROGRESSIVEMENT DANS L'EAU, DE SE MOUILLER LA NUQUE, LE THORAX ET LE VISAGE AVANT DE S'IMMERGER EN INTÉGRALITÉ.

On a 5 SECONDES pour ramasser un aliment tombé par terre

FAUX

La contamination bactérienne d'un aliment tombé au sol ne serait pas immédiate. Il faudrait 5 secondes pour qu'elle ait lieu. Donc, si vous ramassez votre tartine avant que ce délai ne soit écoulé, vous pouvez être certain que la tartine est consommable. **Sauf que... plusieurs études montrent le contraire.**

➡ Des tests ont ainsi été effectués avec du pain (beurré ou non), des bonbons et des melons. Lorsqu'ils sont laissés en contact avec le sol pendant respectivement 1, 5 et 30 secondes, les résultats sont très clairs : **les bactéries commencent à coloniser l'aliment dès la première seconde**. Ensuite, plus le contact avec le sol est long, plus la colonisation s'étend.

S'il y a bien contamination systématique, elle se fait dans des proportions différentes selon le type d'aliment. Les plus humides (comme le melon) sont contaminés plus rapidement que ceux qui sont plus secs (comme les bonbons).

DE PLUS, CERTAINES SURFACES DE SOL SONT PLUS FAVORABLES AUX BACTÉRIES. ON NOTE AINSI DE GRANDES DIFFÉRENCES DANS LES NIVEAUX DE CONTAMINATION SELON QU'UN ALIMENT TOMBE SUR UN PARQUET OU UN TAPIS.

Il est **DANGEREUX** de mettre des plantes dans une chambre

FAUX

La nuit il ne faudrait pas mettre de plantes dans une chambre à coucher, sous peine d'étouffer !

Cette **croyance pseudo-scientifique** vient certainement de ce que nous avons appris à l'école à propos de la photosynthèse. Au cours de ce processus, les feuilles vertes captent le gaz carbonique (CO_2) et rejettent de l'oxygène. Mais si le jour les plantes absorbent bien le CO_2 et rejettent de l'oxygène (jusque-là tout va bien), selon la croyance que nous examinons, la nuit, ce serait l'inverse (là ça se gâte !). Ainsi, la nuit tombée, les plantes vertes rejetteraient du CO_2 et ponctionneraient l'oxygène présent dans la chambre, au point que nous ne pourrions plus respirer. Sauf que c'est faux.

➡ **La nuit, la photosynthèse ne s'inverse pas.** Elle ne fait que s'interrompre. les plantes libérant un tout petit peu de CO_2, dans des quantités négligeables largement inférieures à la quantité d'oxygène que la plante produit le jour, au CO_2 qu'émet votre chien ou votre chat, ou encore que vous-même émettez rien qu'en respirant.

VOUS POUVEZ DONC CONTINUER À DÉCORER ET PARFUMER VOTRE CHAMBRE AVEC DES PLANTES D'INTÉRIEUR.

Se laver **LES MAINS** à l'eau chaude est plus efficace

FAUX

De la température de l'eau dépendrait l'efficacité du lavage de mains. La plupart des gens pensent ainsi que l'eau chaude permet d'obtenir de meilleurs résultats, comme pour le linge. En réalité, pas du tout !

Pour se débarrasser des bactéries, nul besoin d'utiliser de l'eau chaude. Si on frotte au moins 20 secondes, alors l'eau froide et l'eau chaude sont aussi efficaces.

➡ D'après les résultats d'une étude menée aux États-Unis, le seul paramètre à prendre en compte est la durée du lavage. En se frottant les mains pendant 20 secondes au lieu de 5, on multiplie par 5 le nombre de germes et bactéries éliminés.

On estime que **le lavage des mains au savon permettrait d'éviter 1 million de décès par an dans le monde**.

En plus, sa promotion est très économique si on la met en balance avec les bénéfices obtenus.

IL A ÉTÉ CALCULÉ QU'UN INVESTISSEMENT DE 3 DOLLARS DANS LE LAVAGE DES MAINS EST AUSSI EFFICACE POUR LA SANTÉ QU'UN INVESTISSEMENT DE 11 DOLLARS DANS LA CONSTRUCTION DE TOILETTES, OU ENCORE DE 200 DOLLARS DANS L'APPROVISIONNEMENT EN EAU D'UN MÉNAGE.

Le **GINGEMBRE** est aphrodisiaque

FAUX

La réputation de cette racine venue d'Asie n'est plus à faire. Épice entrant dans la composition de très nombreux plats, elle est utilisée depuis des millénaires, notamment en Inde et en Chine.

Si *gingembre* signifie en sanskrit « en forme du bois du cerf », **ses vertus sexuellement stimulantes n'ont jamais été démontrées scientifiquement**.

➡ Cette croyance vient certainement de sa composition. Le gingembre contient en effet du **gingérol**, une substance qui exerce une action vasodilatatrice. Il est ainsi avéré que **cette plante est efficace en cas de brûlures d'estomac et de nausées**.

Or, en dilatant les vaisseaux sanguins, le gingérol diminue la pression artérielle et augmente le débit sanguin, y compris dans les zones érogènes de l'homme et de la femme. De plus, comme toute épice sucrée, le gingembre fait grimper la température du corps, favorisant ainsi la détente.

POUR AVOIR DAVANTAGE DE CHANCES D'ACTIVER LA LIBIDO, ASSOCIEZ CETTE ÉPICE AU GINSENG.

Les ceintures de **CHASTETÉ** étaient courantes au Moyen Âge

FAUX

Ce dispositif mis au point pour empêcher les relations sexuelles et la masturbation aurait été conçu à la fin du Moyen Âge, afin que les hommes puissent s'assurer de la fidélité de leur femme quand ils partaient à la guerre. **Mais aujourd'hui, beaucoup d'historiens doutent de la réalité d'une telle pratique.**

➡ Ils soulignent en effet qu'un nombre extrêmement limité de ces objets fut retrouvé (qui plus est, datant seulement des XVIIIe et XIXe siècles). Par ailleurs, très peu d'images ou de récits de la vie courante portent sur cet appareillage. Les seules références existantes sont surtout métaphoriques ou utilisées dans des récits imaginaires. On en trouve bien une représentation dans un livre d'ingénierie militaire de 1405, mais cet ouvrage contient également de nombreux objets fantaisistes n'ayant jamais existé.

LES IMAGES DU XVIe SIÈCLE QUI REPRÉSENTENT CE TYPE DE CEINTURE AVAIENT DONC VRAISEMBLABLEMENT POUR SEULE VOCATION DE FAIRE RIRE. ELLES ÉTAIENT DES ALLÉGORIES DE LA CHASTETÉ ET UNE FAÇON D'EXPRIMER LA PEUR DES HOMMES.

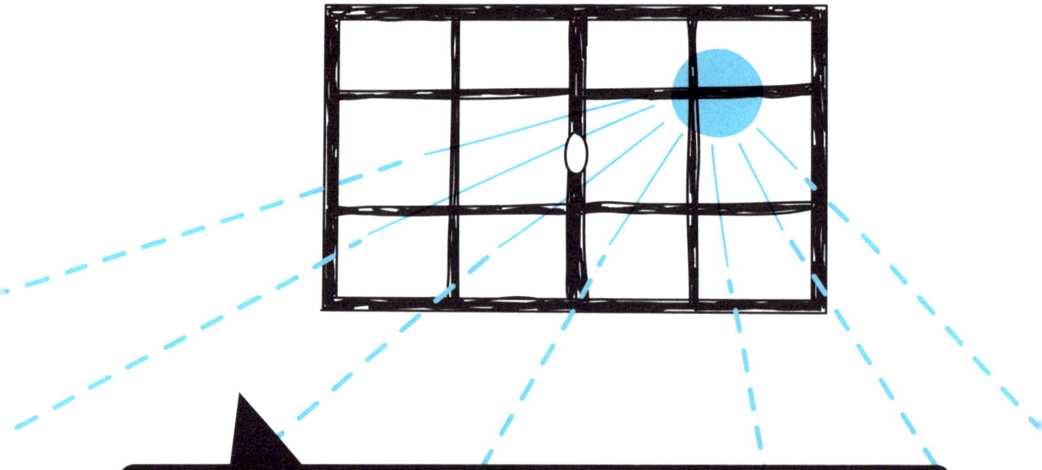

On ne peut pas BRONZER derrière une vitre

FAUX

C'est faux ! Il est tout à fait possible de bronzer ainsi, mais ce bronzage sera léger.

➡ Les UVA, qui représentent 95 % des rayons UV qui touchent la surface de la Terre, peuvent altérer les cellules à long terme et entraîner notamment des rougeurs et le vieillissement cutané.
Quant aux UVB, qui représentent 5 % des UV, ils sont très énergétiques et responsables du bronzage mais aussi des coups de soleil et des cancers de la peau.
Or, si la lumière traverse bien le verre des vitres, ces derniers ne **laissent passer** que **certaines longueurs d'onde**, au-delà de 400 nanomètres, c'est-à-dire **les UVA**. Moins néfastes ou puissants que les UVB, ils peuvent, si vous y restez exposé suffisamment longtemps, donner à votre peau un teint légèrement hâlé.

CELA VAUT POUR LES VITRES DES FENÊTRES, MAIS AUSSI POUR LES PAREBRISES DES VOITURES. PAR CONSÉQUENT, SUR LA ROUTE, MÊME VITRES FERMÉES, METTEZ DE LA CRÈME !

GUTENBERG a inventé l'imprimerie

FAUX

Le XVe siècle fut bien celui de la découverte de nouvelles terres sur la planète, mais pas seulement. Il fut également celui de l'arrivée de l'imprimerie… en Europe.

Eh oui ! **À l'époque de Gutenberg l'imprimerie existait déjà !**

Car si Gutenberg a bien apporté à la fabrication des livres des innovations considérables, la technique de l'imprimerie *stricto sensu* se pratiquait déjà en Asie depuis fort longtemps.

➡ Ainsi, au IVe siècle après J.-C., **les Chinois mirent au point une technique appelée xylographie**, proche de la gravure sur bois, qui permet de reproduire une image sur une surface plane, comme du papier ou un tissu.

Puis, au XIe siècle, **ils inventèrent la véritable imprimerie typographique** avec des caractères en bois ou terre cuite. On attribue cette invention, qui permettait déjà de composer des textes avec des caractères mobiles, à **Bin Sheng** de la dynastie Song.

Cette invention sera reprise quelques siècles plus tard par Gutenberg, qui l'améliorera avec l'utilisation du plomb mais également la fabrication d'une encre plus épaisse donnant un bien meilleur rendu.

LE PREMIER OUVRAGE QUE GUTEMBERG IMPRIMA AVEC CES DIFFÉRENTES MODIFICATIONS ET AMÉLIORATIONS FUT UNE BIBLE DE 1284 PAGES TIRÉE À 180 EXEMPLAIRES.

CRIER peut déclencher une avalanche

Cette croyance populaire est si répandue qu'on en trouve l'illustration dans l'album de bande dessinée *Tintin au Tibet*, quand le capitaine Haddock hurle et provoque une avalanche qui l'ensevelit.

Heureusement, cela est impossible dans la réalité. On peut crier aussi fort qu'on veut, impossible de déclencher quoi que ce soit. **Pourquoi ?**

➡ Le son est une onde. Sur son passage, il comprime l'air. Celui-ci entre en expansion, puis à nouveau intervient une compression et une expansion, et ainsi de suite. On pourrait donc imaginer que la pression de l'air exercée sur la neige serait suffisante pour la faire bouger, la déformer, et, s'il s'agit d'une couche instable, la faire glisser sur la pente. Pourtant, ce scénario ne peut pas se produire pour une raison d'échelle. En effet, notre voix engendre des pressions maximales de **2 pascals**. Or, pour déclencher une avalanche, il faut que la pression atteigne **200 à 500 pascals**. On en est donc loin !

SI LOIN QUE MÊME LE BRUIT D'UN AVION EN VOL NE SUFFIT PAS !

Mettre une petite cuillère dans une bouteille de champagne CONSERVE LES BULLES

FAUX

Pour conserver une bouteille de champagne pétillante, il faudrait mettre une petite cuillère dans le goulot avant de la déposer au réfrigérateur. Le CO_2 serait ainsi retenu, à la condition que la cuillère soit en argent.

Cette curieuse astuce trouverait son origine dans les bars ou restaurants de jadis, où les habitués avaient leur bouteille conservée pour le lendemain, laquelle était identifiée par une cuillère placée dans le goulot.

Si, pour distinguer une bouteille, cette méthode peut être efficace, pour conserver les bulles, c'est moins sûr !

➡ En 1995, une équipe de physico-chimistes du Comité interprofessionnel du vin de Champagne a mené l'expérience. **Résultat sans appel** : aucune différence n'a été observée entre les bouteilles dotées de petites cuillères et les autres.

UN SEUL ACCESSOIRE S'EST AVÉRÉ EFFICACE : LE BOUCHON STOPPEUR. IL A ÉTÉ LE SEUL À EMPÊCHER LES BULLES DE SORTIR ET A PERMIS DE CONSERVER L'EFFERVESCENCE DANS LA BOUTEILLE.

Il faut mettre **LA TÊTE** en arrière en cas de saignement de nez

FAUX

Lorsque l'on saigne du nez, nous avons tous tendance à pencher instinctivement la tête en arrière afin de ralentir l'écoulement du sang. **Pourtant ce geste est inefficace !**

➡ Non seulement il n'empêche en rien le sang de couler, mais il va surtout diriger une partie de l'écoulement dans la gorge. Du sang va ainsi se retrouver plus tard dans l'estomac. Or, il a des propriétés émétisantes, c'est-à-dire qu'il provoque des vomissements (on parle par exemple de « toux émétisante » pour une toux soudaine, brutale et suffisamment violente pour provoquer des vomissements).

À éviter donc !

De plus, cette pratique complique la tâche aux éventuels secours en rendant plus difficile l'estimation de la quantité de sang perdue et l'évaluation de l'état de santé de la victime.

Alors que faire ? Pencher la tête calmement un peu en avant, afin de diminuer la pression artérielle et l'afflux de sang. Dans le même temps, il est conseillé de se pincer les narines pendant 10 minutes pour favoriser la coagulation.

SI LE SAIGNEMENT NE S'ARRÊTE PAS, PENSEZ À INTRODUIRE DANS LES NARINES UNE COMPRESSE OU UN TAMPON HÉMOSTATIQUE. ÉVITEZ LE COTON HYDROPHILE QUI A TENDANCE À S'EFFILOCHER.

Les **SINGES** adorent les bananes

FAUX

Les singes et les gorilles raffoleraient des bananes. **En réalité, ils n'en mangent que très peu quand ils sont en liberté.** Nous sommes simplement habitués à les voir dans les zoos en train d'en consommer.

➡ Si dans leur habitat naturel ils en mangent peu, la raison est simple : là où ils vivent, ils en trouvent rarement. En effet, **il y a peu de bananiers dans la jungle**. Et quand il y en a, ces bananes sauvages sont moins nourrissantes que celles cultivées par l'homme. **Contenant peu de protéines**, elles ne sont pas intéressantes pour un animal aussi actif que le singe.

En revanche, ces animaux, surtout quand ils sont petits, mangent d'autres fruits, mais aussi des insectes, des fourmis et des petits animaux, comme des lézards.

LES GORILLES OU LES ORANGS-OUTANS SONT, LA PLUPART DU TEMPS, HERBIVORES. AUSSI, ILS PEUVENT INGURGITER JUSQU'À 30 KILOS DE FEUILLES DE BANANIER PAR JOUR.

La BOÎTE NOIRE des avions est noire

FAUX

Comme leur nom ne l'indique pas, **les boîtes noires ne sont pas noires, mais orange ou rouges** !

➡ Il en existe deux types : les **enregistreurs dits « phoniques »** qui conservent les conversations du cockpit, et les **enregistreurs de paramètres** qui gardent en mémoire les données de vol, comme la trajectoire, l'altitude, la pression intérieure ou la vitesse.

Placées à l'arrière de l'avion, elles ont le plus de chances d'être intactes en cas de crash. Toutes deux en acier ou en titane, elles peuvent résister à une température de 1 100 degrés pendant une heure et supporter la pression de l'eau à 6 000 mètres sous la surface.

Si elles ne sont pas noires, c'est tout simplement pour qu'elles puissent être plus facilement repérées après un crash.

ELLES ONT ÉTÉ NOMMÉES « BOÎTES NOIRES » PARCE QUE, DANS LES ANNÉES 1930, LES TOUT PREMIERS MODÈLES APPELÉS DES « HUSSENOGRAPHES », UTILISAIENT UNE PELLICULE PHOTOGRAPHIQUE. OR, CES PELLICULES ÉTAIENT PHOTOSENSIBLES. ELLES DEVAIENT ÊTRE ENFERMÉES DANS UNE CHAMBRE NOIRE, AUSSI APPELÉE « BOÎTE NOIRE ».

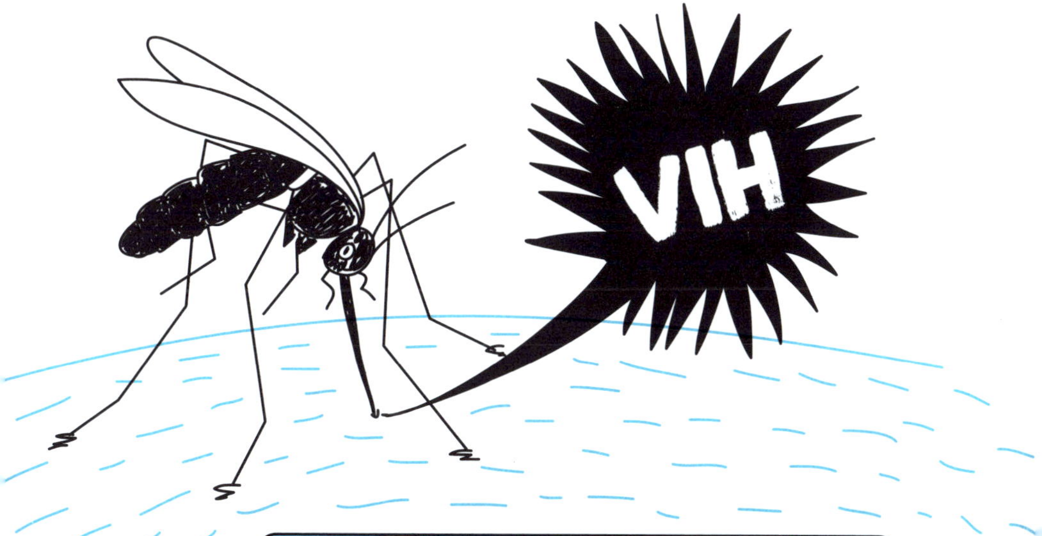

Les moustiques peuvent transmettre le SIDA

FAUX

Les moustiques peuvent piquer plusieurs personnes à la suite. Mais peuvent-elles leur transmettre le sida ? **Non, et ce pour plusieurs raisons.**

➡ D'abord, parce que **les moustiques ne peuvent pas être contaminés** eux-mêmes. Contrairement à l'être humain, leurs cellules ne possèdent pas les récepteurs qui permettent la pénétration du virus, puis l'infection. Le virus est détruit directement dans leur estomac.

Ensuite, **la trompe des moustiques ne fonctionne pas comme une seringue**. Ses deux canaux sont à sens unique. Ainsi, quand ils piquent quelqu'un, ils aspirent bien son sang, mais ils ne lui inoculent pas du sang préalablement ingéré en retour. Simplement de la salive. Or, le VIH ne peut pas se loger dans ses glandes salivaires.

EN REVANCHE, LES MOUSTIQUES PEUVENT PARFAITEMENT TRANSMETTRE UN GRAND NOMBRE D'AUTRES MALADIES, DONT CERTAINES PEUVENT ÊTRE MORTELLES, COMME LE PALUDISME OU LA DENGUE.

Les **LICORNES** n'ont jamais existé

FAUX

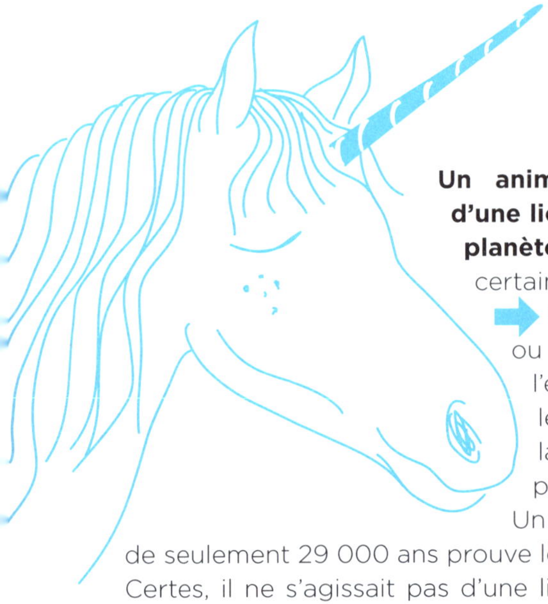

Un animal ayant l'apparence générale d'une licorne a bel et bien vécu sur notre planète. Les hommes en ont même certainement croisé !

➡ En effet, la **« licorne de Sibérie »**, ou *Elasmotherium sibiricum*, dont l'existence est connue depuis le XIXe siècle, n'a pas disparu de la Terre, comme on le pensait précédemment, il y a 350 000 ans. Un crâne, trouvé au Kazakhstan, vieux de seulement 29 000 ans prouve le contraire.

Certes, il ne s'agissait pas d'une licorne au pelage immaculé et à la corne arc-en-ciel ! Il s'agissait plus vraisemblablement d'une **sorte de rhinocéros poilu**, qui, mesurant à peu près 2 mètres de haut pour 4 de long, devait peser à peu près 4 tonnes. **Mais il était bien doté d'une corne unique** d'environ 1,5 m.

LE SUD DE LA SIBÉRIE OCCIDENTALE A ÉTÉ TRÈS PROBABLEMENT UN REFUGE PERMETTANT À CE TYPE DE RHINOCÉROS DE SURVIVRE PLUS LONGTEMPS QUE SES SEMBLABLES ET DE S'ADAPTER AUX CHANGEMENTS CLIMATIQUES POUR ÉVITER UNE EXTINCTION PRÉCOCE.

Le **SUCRE ROUX** est meilleur pour la santé que le **SUCRE BLANC**

FAUX

Le sucre que nous consommons tous les jours est presque exclusivement du **sucre de betterave, naturellement blanc. Le sucre roux, lui, vient de la canne**. Il est aussi appelé « cassonade ».
Mais on peut aussi produire du sucre roux à partir de betteraves si on chauffe le sucre blanc. Apparaissent alors des colorants de type caramel. On appelle ce sucre roux particulier et caramélisé « vergeoise ».
Mais l'inverse est également vrai. Le sucre de canne peut devenir blanc. Il suffit, à la fin de sa production, de le raffiner afin de le débarrasser de ses colorants.

➡ D'un point de vue nutritionnel, **ces deux types de sucre sont équivalents**. Le sucre roux contient un peu plus de vitamines et de minéraux, mais ramené à des consommations quotidiennes, cela n'a aucun effet sur la santé. Quant aux calories, aucune différence notable n'est à signaler. Un morceau de sucre de 5 grammes, quelle que soit sa couleur, apporte 20 calories, soit 4 calories au gramme.

CHOISIR ENTRE SUCRE BLANC ET SUCRE ROUX EST DONC PRINCIPALEMENT UNE AFFAIRE DE GOÛT !

Les sables **MOUVANTS** peuvent avaler un homme

FAUX

Ces zones du sol qui semblent à première vue solides, mais qui en réalité ne peuvent supporter qu'un certain poids, seraient capables d'engloutir un être humain.

Malgré ce que vous avez pu voir au cinéma, **ce scénario n'est pas réaliste**. Les sables mouvants peuvent tout au plus empêcher une personne de s'en dégager.

➡ Un sable mouvant est constitué d'eau, de sable, de sel et d'argile. Cette dernière fait tenir l'ensemble. Quand on place un corps dessus, l'argile est rompu et l'ensemble du sable s'écroule. Plus le corps bouge, plus il détruit la structure argileuse et plus il s'enfonce. Mais il ne peut s'enfoncer indéfiniment.

La poussée d'Archimède empêche l'engloutissement total. Le corps humain, une fois enfoncé, subit une force verticale vers le haut qui le maintient à la surface. Impossible donc de mourir d'asphyxie.

PAR CONTRE, ON PEUT Y ÊTRE PIÉGÉ, CAR LE SABLE QUI N'EST PLUS TENU PAR L'ARGILE PEUT SE SOLIDIFIER AU CONTACT DE L'EAU. CET EFFET EST APPELÉ « PIÈGE À LOUP ».

Le logo Apple est un hommage à ALAN TURING

FAUX

La pomme croquée, le célèbre logo de la marque créée par Steve Jobs, représenterait le fruit qu'aurait mangé Alan Turing, le père des ordinateurs, pour se suicider.

C'est faux, et la marque elle-même l'a toujours fait savoir !

➡ Le premier logo d'Apple représentait Isaac Newton, le célèbre philosophe et mathématicien, adossé à un pommier. Il fut remplacé en 1977 par une pomme croquée aux couleurs de l'arc-en-ciel.

Pourquoi croquée ? Pour ne pas être confondue avec une cerise !

Quant aux multiples couleurs, elles signifiaient que les nouveaux ordinateurs Apple pouvaient les afficher sur leurs écrans. Mais en 2001, la pomme a perdu toutes ses couleurs.

TOUT CELA NE DIMINUE EN RIEN LA FIGURE D'ALAN TURING ET SON INFLUENCE SUR L'INFORMATIQUE. APRÈS AVOIR PARTICIPÉ DE FAÇON DÉCISIVE AU DÉCHIFFREMENT DES MESSAGES ALLEMANDS PENDANT LA SECONDE GUERRE MONDIALE, IL ÉTUDIA L'INTELLIGENCE ARTIFICIELLE ET TRAVAILLA SUR LES PREMIERS ORDINATEURS.

SHERLOCK HOLMES dit :

« *Élémentaire, mon cher Watson* »

FAUX

« *Élémentaire, mon cher Watson* » : voilà une phrase que l'on aime ressortir à plus d'une occasion, surtout lorsque l'on joue au détective.

Bien évidemment, elle évoque Sherlock Holmes et ses enquêtes passionnantes que tout le monde connaît, même ceux qui n'ont jamais lu un seul épisode de la saga écrite par l'écrivain écossais Arthur Conan Doyle.

Précisément ! **Cette citation** est tout simplement apocryphe et **ne figure dans aucun de ses romans policiers**. Bien entendu, il arrive que Sherlock Holmes prononce un « *élémentaire* » ou encore « *mon cher Watson* » au cours de ses enquêtes, mais jamais les deux tronçons de phrases ne se suivent.

➡ En réalité, cette citation erronée doit probablement son existence aux nombreuses adaptations de la série « Sherlock Holmes » à la radio, à la télévision ou au cinéma.

ON RETROUVE EN EFFET LA RÉPLIQUE DANS LE PREMIER FILM ADAPTÉ DE L'ŒUVRE DE CONAN DOYLE, SORTI EN 1929 SOUS LE NOM « LE RETOUR DE SHERLOCK HOLMES ». LE GIMMICK ÉTAIT NÉ.

Il est impossible de tomber **ENCEINTE** pendant ses règles

FAUX

Certes, **la probabilité** de tomber enceinte pendant ses règles **est faible, mais elle n'est pas nulle** !
Si aucun spermatozoïde n'est venu rencontrer l'ovule produit mensuellement par les femmes, alors l'utérus élimine l'endomètre (la muqueuse utérine) à la fin de chaque cycle. Ce qui explique le saignement de 3 à 7 jours.
Et tant qu'il n'y a pas de grossesse, le cycle se répète tous les mois. Donc, en théorie, il est impossible de tomber enceinte pendant ses règles.
Mais il existe pourtant un cas où cela peut arriver.
➡ En effet, la fécondation de l'ovule se fait entre le douzième et le seizième jour à partir du début des règles. Étant donné qu'un spermatozoïde peut réaliser sa tâche, c'est-à-dire féconder l'ovule, pendant 5 jours, si les règles durent une semaine et que le rapport a lieu le septième jour, il y a une chance que le spermatozoïde rencontre l'ovule le douzième jour !
LE CAS RESTE RARE, CAR IL FAUT QUE LES RÈGLES DURENT UNE SEMAINE OU QUE LA FEMME OVULE AVANT LE DIXIÈME JOUR.

Il faut **MULTIPLIER** par 7 l'âge des chiens

FAUX

L'astuce selon laquelle il faut multiplier l'âge d'un chien par 7 pour obtenir son âge « humain » n'est que partiellement exacte.

Le vrai calcul est beaucoup plus complexe.

➡ En effet, la croissance du chien ne se fait pas à vitesse constante. Elle est bien plus rapide que la nôtre au début de sa vie. Aussi, multiplier par 7 à tous les stades de sa vie n'est-il pas tout le temps pertinent. Entre 6 et 8 mois, on doit plutôt considérer un chien comme étant dans l'adolescence, alors que si on applique bêtement la méthode de la multiplication par 7, on lui donnera 4 ans chez les humains. Un peu plus tard, l'incohérence persiste puisqu'à 1 an, un chien sera capable de procréer, mais aura 7 ans chez les humains si on applique la même règle.

Par contre, **cette méthode fonctionne à partir de la moitié de sa vie**. Ainsi, un chien entre bien dans le dernier tiers de sa vie vers 7-8 ans, soit 50-55 ans pour les hommes, et devient bien « centenaire » au-delà des 15 ans.

CETTE FORMULE PERMET DONC D'AVOIR UNE BONNE IDÉE DU STADE DE MATURITÉ DU CHIEN PASSÉ 5 ANS.

Le VIN ROSÉ est un mélange de vins rouge et blanc

FAUX

Le rosé n'est pas un mélange de deux sortes de vins ou de raisins. **L'explication se trouve dans l'utilisation de la peau des fruits.**

➡ Alors que pour fabriquer du vin blanc, on n'utilise pas le produit de la macération des peaux, ce n'est pas le cas pour les rosés foncés et le vin rouge.

Ainsi, le rosé doit sa couleur aux pigments de la peau des raisins noirs mélangés à leur jus. Lors de la macération donc, **la couleur du vin va dépendre de la durée du contact entre la peau et le jus**.

Si on veut produire un rosé classique, le contact avec la peau durera quelques heures. Pour un vin rouge, cela durera plusieurs jours.

La mixture obtenue est alors pressée pour séparer la partie solide (la peau et les pépins) du jus qui est mis à fermenter à basse température.

NOTEZ QU'IL Y A TRÈS PRÉCISÉMENT 9 COULEURS DE ROSÉS : FRAMBOISE, GROSEILLE, PELURE D'OIGNON, BRIQUE, MARBRE, CORAIL, SAUMON, BOIS DE ROSE ET CHAIR. PAR AILLEURS, L'ÂGE DU ROSÉ PEUT MODIFIER SA TEINTE.

Les billets **EN EURO** représentent des monuments européens

FAUX

On trouve au recto des billets de banque portes, portails ou fenêtres, qui symbolisent l'« esprit d'ouverture et de coopération qui règne au sein de l'Union européenne » ; et au verso un pont, symbolisant l'« union des peuples européens entre eux et de l'Europe avec le reste du monde ».
Mais ces constructions architecturales ne sont pas réelles ! Elles ne se trouvent dans aucun des États membres.
Une curieuse idée ? Oui, mais un choix qui s'explique.
➡ Il s'agit en effet d'éviter les querelles sur la prééminence de chaque État. Une **décision éminemment diplomatique** donc.
Bien qu'il ne s'agisse pas de monuments identifiables, les billets de 5 euros présentent une architecture classique (romaine), les billets de 10 euros une architecture romane, ceux de 20 euros une architecture gothique, ceux de 50 euros un style Renaissance, ceux de 100 euros le baroque et le rococo, ceux de 200 euros le style Art nouveau et les billets de 500 euros une architecture moderne.
LES MOTIFS FIGURANT SUR LES BILLETS DE BANQUE EN EURO REPRÉSENTENT DONC L'ÉVOLUTION ARCHITECTURALE EUROPÉENNE À TRAVERS LES SIÈCLES.

500
200
100
50
20
10
5
EURO
ΕΥΡΩ
ЕВРО

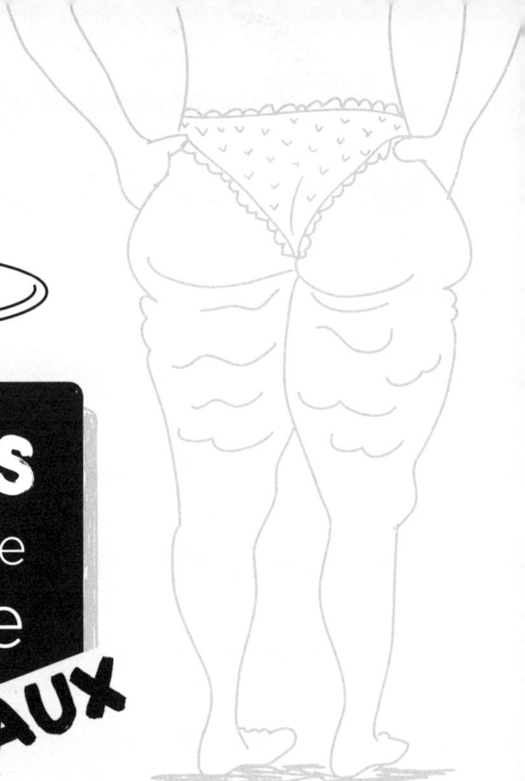

L'ANANAS fait disparaître la cellulite

FAUX

Cette idée fausse est née dans les années 1960. À cette époque, on découvre que la bromélaïne contenue dans l'ananas a des vertus anti-œdémateuses et anti-inflammatoires. Aussitôt, ce fruit est propulsé en tête des aliments aux propriétés brûle-graisse et anticellulite.

Pourtant, aucune étude scientifique n'a jamais démontré que ce fruit exotique avait **une quelconque influence sur la disgracieuse peau d'orange**. Certains y croient toujours et vantent encore ses vertus amaigrissantes.

➡ En réalité, si la bromélaïne brûle effectivement des cellules dans notre organisme, il s'agit de protéines, et non des lipides de la graisse corporelle.

EN REVANCHE, L'ANANAS PEUT SERVIR, GRÂCE À SES PROPRIÉTÉS ANTI-INFLAMMATOIRES, À SOULAGER L'ARTHROSE, MAIS SURTOUT À MIEUX DIGÉRER, NOTAMMENT LA VIANDE, CE QUI EXPLIQUE LA SENSATION DE LÉGÈRETÉ QUE L'ON PEUT RESSENTIR EN FIN DE REPAS APRÈS EN AVOIR MANGÉ.

Les DIGESTIFS aident à digérer

FAUX

Certes, on les nomme ainsi. Mais n'auraient-ils pas usurpé leur nom ? Il semble bien que si ! L'eau-de-vie, les liqueurs ou l'armagnac par lesquels on termine parfois un repas copieux ne permettent pas réellement de mieux digérer. Dès que leur teneur en alcool dépasse les 20 degrés, **ils produisent même l'effet inverse** !

➡ En effet, l'alcool va directement dans le sang et empêche la production par l'estomac de la gastrine. Or, c'est elle qui active la sécrétion des sucs gastriques permettant la digestion. **L'alcool ralentit donc le transit.**

Ainsi, des études ont montré que chez ceux qui prennent un digestif il faut 9 heures pour que la digestion se fasse complètement, contre seulement 6 chez ceux qui n'en prennent pas.

Pourtant, nous sommes beaucoup à être persuadés de l'inverse, car après avoir absorbé de l'alcool, l'organisme nous envoie un message trompeur. L'alcool distend la paroi de l'estomac et son volume grossit, ce qui procure immédiatement une sensation de soulagement.

ON A ALORS L'IMPRESSION QU'IL EST MOINS PLEIN.

Le COCA-COLA peut soigner la diarrhée

FAUX

Boire du Coca-Cola aiderait à lutter contre les diarrhées associées aux gastro-entérites ou turistas. Pour les adeptes de cette méthode, aucun doute possible, le Coca hydrate, apporte des sels minéraux, du sucre et donne une énergie qui aide à se rétablir, tout en restaurant la flore intestinale.

En réalité, cette boisson est déconseillée ! Elle n'est d'aucun secours et peut même amplifier les symptômes.

➡ Tout simplement parce que le Coca est très acide, ne contient pas assez de sel et, au contraire, beaucoup trop de sucre.

Il peut non seulement aggraver les gastro-entérites à cause du gaz carbonique qui le compose, mais surtout, ses apports en sodium sont insuffisants pour une réhydratation.

Donc, oubliez le Coca ! À la place, préférez une solution de réhydratation orale qui contient des minéraux (sodium, potassium), ainsi que du glucose et des hydrates de carbone complexes.

POUR PRÉPARER VOUS-MÊME UNE SOLUTION DE CE TYPE, VERSEZ 5 CUILLERÉES À CAFÉ DE SUCRE ET UNE DEMI-CUILLERÉE À CAFÉ DE SEL DANS 1 LITRE D'EAU ET AJOUTEZ UNE BANANE ÉCRASÉE.

L'eau froide GÈLE toujours plus vite que l'eau chaude

FAUX

Voilà un phénomène difficile à concevoir. Et pourtant, il s'agit bien d'une réalité scientifique. L'eau chaude peut geler plus vite que l'eau froide.

C'est « l'effet Mpemba ». Un paradoxe apparent, car l'eau chaude devrait geler moins vite que l'eau froide, puisque pour atteindre 0°C, elle doit perdre plus de chaleur. Pourtant, en 1963, M. Mpemba a bien redécouvert – car on pense que **le phénomène était connu depuis l'Antiquité** – que la réalité était souvent inverse.

➡ Plusieurs raisons expliquent ce phénomène, même si elles ne sont pas unanimement validées par la communauté scientifique : l'évaporation de l'eau chaude entraîne une perte de volume rendant plus rapide la formation de gel ; le phénomène de surfusion permet à l'eau froide de rester plus longtemps à l'état liquide ; les molécules d'eau chaude ont plus d'énergie pour s'échapper du corps liquide sous forme de gaz vapeur.

PRÉCISONS ENFIN QUE CE PHÉNOMÈNE N'EST PAS SYSTÉMATIQUE ET N'APPARAÎT QUE SOUS CERTAINES CONDITIONS. CONDITIONS QU'AUCUNE ÉTUDE N'A ENCORE ÉTÉ CAPABLE DE LISTER POUR POUVOIR REPRODUIRE LE PHÉNOMÈNE À TOUS LES COUPS.

Les hommes **PRÉHISTORIQUES** frottaient deux silex pour faire du feu

FAUX

Eh bien non ! Les hommes préhistoriques n'allumaient pas leurs feux avec deux silex, pour une raison très simple... c'est impossible ! Pour faire du feu avec ce minéral, la manipulation est plus compliquée.

➡ Il faut se munir d'**un seul morceau de silex** et le frotter non pas contre un autre morceau de silex mais **contre une pierre moins dure**. Cette dernière doit être riche en sulfure de fer, comme la marcassite ou la pyrite (d'ailleurs le terme *pyrite* vient du grec *pyros* qui signifie « feu »). C'est seulement ainsi que l'on peut obtenir des étincelles et espérer allumer un feu. Ainsi, deux silex frottés l'un contre l'autre ne permettent de produire que des étincelles dites « froides », instables, qui ne s'éjectent pas et avec lesquelles il est parfaitement impossible d'enflammer quoi que ce soit.

MAIS OBTENIR DES ÉTINCELLES « CHAUDES » NE SUFFIT PAS. LA DIFFICULTÉ CONSISTE ENSUITE À LES METTRE EN CONTACT AVEC UN SUPPORT INFLAMMABLE, COMME L'AMADOU, UN CHAMPIGNON FRÉQUENT DANS LES FORÊTS.

MOLIÈRE est mort sur scène

FAUX

L'histoire était pourtant belle ! Alors qu'il donnait une représentation du *Malade imaginaire*, Jean-Baptiste Poquelin, dit Molière, fut pris d'un malaise et décéda en pleine représentation, sur scène.

Malheureusement, c'est faux !

➡ Molière est mort bien plus banalement chez lui le 17 février 1673. Ayant contracté la tuberculose plusieurs années auparavant, Molière était souffrant lorsque, malgré les conseils appuyés de son épouse, il participa ce soir-là à la quatrième représentation du *Malade imaginaire* sur la scène du Palais-Royal. Il toussait, mais parvint à jouer la pièce jusqu'à la fin. Il fut ensuite conduit chez lui en chaise à porteurs. Pris de quintes de toux violentes, il se mit à cracher du sang et à avoir du mal à respirer. Il s'éteignit vers 22 heures, étouffé.

IL FUT ENTERRÉ DE NUIT LE 21 FÉVRIER DANS LE CIMETIÈRE DE LA CHAPELLE SAINT-JOSEPH, SUR LA PAROISSE DE SAINT-EUSTACHE.

L'ARC-EN-CIEL a 7 couleurs

FAUX

Ce phénomène naturel est dû à la dispersion de la lumière du soleil sur un mur d'eau. Chaque goutte y joue le rôle de prisme et décompose la lumière. Aussi, **il est impossible de percevoir à l'œil nu le spectre complet des couleurs**, car il est parfaitement continu, allant du rouge à l'extérieur au violet à l'intérieur.

➡ Par souci de simplification arbitrale, on considère qu'on y voit 3, 4, 5, 6, 7, 8 ou même 9 couleurs.

En France et en Occident, on dit qu'il y en a 7 : rouge, orange, jaune, vert, bleu, violet et indigo (rajouté par Newton). **Mais il s'agit d'un choix culturel et non pas d'une observation scientifique.**

Car entre ces 7 couleurs il y a une **infinité de dégradés** de teintes. Pour être exact, il faudrait donc dire que s'y trouve une infinité de couleurs correspondant à l'infinité de longueurs d'onde de la lumière. Mais il est impossible de les distinguer, certaines couleurs étant imperceptibles à l'œil nu.

PLUS LES GOUTTES D'EAU SONT GROSSES, ET PLUS L'ARC EST BRILLANT ET COLORÉ. PLUS ELLES SONT PETITES, PLUS IL APPARAÎT PÂLE.

Il ne faut pas TOUCHER un oisillon

FAUX

Toucher un oisillon avec sa main reviendrait à le condamner. Cet acte anodin modifierait l'odeur de l'animal, qui serait dès lors abandonné par ses parents. **Cette triste croyance populaire est fausse.**

➡ Tout d'abord, elle ne fait pas grand cas de l'instinct parental des oiseaux. Abandonneraient-ils si facilement leurs petits ? Non.

Ensuite, cette croyance suppose que les oiseaux ont un excellent odorat. Ce qui n'est pas le cas puisqu'il est loin d'égaler celui des humains. Sauf chez certaines espèces, un oiseau a déjà du mal à distinguer l'odeur d'un chien ou d'un porc ayant touché sa progéniture. Donc celle d'un homme...

Enfin, cette croyance erronée va à l'encontre d'un aspect central de l'évolution et de la biologie. Les êtres vivants n'abandonnent pas si facilement ce qui leur a coûté de l'énergie. Or, construire un nid, nourrir un oisillon et le protéger nécessite beaucoup d'efforts.

EN REVANCHE, SI L'OISILLON EST MALADE, IL PEUT ÊTRE VOLONTAIREMENT ABANDONNÉ POUR NE PAS METTRE LE RESTE DE LA PROGÉNITURE EN DANGER.

Il n'y a pas d'homosexualité chez les ANIMAUX

FAUX

L'homosexualité se rencontre chez de nombreuses espèces animales. Les chercheurs en ont dénombré **environ 4 500**. L'homosexualité est donc bien **une pratique tout à fait courante** dans le monde animal.

➡ Les progrès de l'éthologie (c'est-à-dire l'étude des comportements animaliers) permettent d'affirmer que **les comportements bisexuels sont fréquents** chez le lion et le bonobo.

De même, les dauphins, les zèbres, les éléphants de mer et les caméléons peuvent avoir des comportements homosexuels.

Mais les mammifères ne sont pas les seuls chez qui on observe ce phénomène. On estime ainsi que 5 % de l'activité sexuelle des oiseaux est de nature homosexuelle.

MÊME CONSTAT S'AGISSANT DE LA PARENTALITÉ. PAR EXEMPLE, DES COUPLES LESBIENS D'OIES SAUVAGES PEUVENT AVOIR DES COMPORTEMENTS ÉTONNANTS. IL PEUT AINSI ARRIVER QU'UNE DES FEMELLES S'ACCOUPLE AVEC UN MÂLE DE PASSAGE POUR ÉLEVER PAR LA SUITE LE PETIT AVEC SA PARTENAIRE FEMELLE. ET QUE DIRE DES COUPLES DE MANCHOTS MÂLES QUI ADOPTENT LES ŒUFS DES AUTRES !

L'ÂME HUMAINE pèse 21 grammes

FAUX

Cette idée est née avec la publication d'un article dans le *New York Times* et la revue médicale *American Medicine*, d'un médecin du Massachusetts, Duncan MacDougall, en 1907. Il y donnait de pseudo-preuves de l'existence de l'âme humaine, laissant penser qu'il avait réussi à la peser.

Selon ce docteur, **une différence de poids apparaîtrait avant et après la mort d'un individu**. Une différence qui serait précisément le poids de l'âme ayant quitté le corps.

Après avoir mené quelques expériences infructueuses sur des chiens, il pesa six personnes avant et après leur mort. Pour l'une d'entre elles, il nota une différence de **21,26 g**.

Selon MacDougall : « *Le poids de l'âme est retiré du corps quasiment à l'instant du dernier souffle, bien que chez les sujets de tempérament oisif elle puisse rester une minute entière dans le corps.* »

➡ Cependant, ces résultats, obtenus non seulement dans des conditions techniques discutables, mais surtout sur un minuscule échantillon, n'ont aucune valeur scientifique.

AUJOURD'HUI, PERSONNE NE PREND PLUS CES TRAVAUX AU SÉRIEUX.

Le CHANOINE KIR a inventé le Kir

FAUX

Le nom de cette recette à base de **vin blanc agrémenté de crème de cassis** porte le patronyme non pas de son inventeur mais de celui qui la popularisa.

Bien avant le chanoine, **Henri Barabant**, maire de la ville de Dijon, fit voter en 1904 la décision suivante : remplacer, lors des réceptions faites à la mairie, le champagne qui est alors trop cher pour la ville, par du bourgogne aligoté, un vin blanc d'appellation d'origine contrôlée. Le trouvant trop amer ou acide, on ne sait plus trop, il décida d'y ajouter de la liqueur de cassis dans des proportions d'un tiers de cassis pour deux tiers de vin blanc. **Ainsi est né le kir.**

Ensuite, le **chanoine Félix Kir**, maire de Dijon de la Libération en 1945 à sa mort en 1968, grand amateur de ce mélange vin blanc et cassis, conserva cette tradition. En raison de sa personnalité charismatique, on associa la boisson à son nom.

DEVENU AUJOURD'HUI UNE MARQUE COMMERCIALE, LE KIR EST ÉGALEMENT CONSIDÉRÉ PAR LES DICTIONNAIRES COMME UN NOM COMMUN.

La **VITAMINE C** empêche de dormir

FAUX

Manger des oranges avant d'aller au lit serait la meilleure façon de passer une mauvaise nuit. En réalité, même à hautes doses, **la vitamine C ne perturbe nullement le sommeil**. Des tests ont été réalisés sur des personnes ayant pris 4 grammes de vitamine C au coucher, soit l'équivalent de la teneur en vitamines de 10 kilogrammes d'oranges. Aucune modification du cycle du sommeil, aucun trouble au réveil ne fut observé.

➡ Cette idée reçue vient très probablement d'une **précaution** se trouvant sur la plupart des notices des boîtes de vitamine C, selon laquelle il est conseillé de prendre cette vitamine **de préférence le matin ou en début d'après-midi**. Elle apparut dans les années 1930 avec la vente du premier supplément de vitamine C par le laboratoire Roche et s'expliquait par le fait que la vitamine C participait à la synthèse de la dopamine, une molécule impliquée dans l'éveil et la vigilance. **MAIS DEPUIS, AUCUNE RÉÉVALUATION N'A ÉTÉ EFFECTUÉE.**

Un EXPRESSO est plus fort qu'un café allongé

FAUX

Plus fort en goût, un expresso semble contenir plus de caféine. **Pourtant, c'est l'inverse !**

Même si cela peut paraître contre-intuitif, un café allongé est plus fort en caféine qu'un expresso.

Or, si un expresso est moins riche en caféine qu'un café filtre, c'est en raison de son mode de préparation.

➡ **Dans une machine à expresso** l'eau monte en température et en pression à peu près à 90 degrés et 15 bars. Elle traverse la couche de café d'environ 7 grammes en 30 secondes. Le café n'est donc en contact avec l'eau que pendant ce bref délai. Il en résulte 3 à 5 centilitres de café à boire, soit moins de 100 milligrammes de caféine.

En revanche, **avec une machine à café utilisant des filtres**, l'eau reste en contact avec le café, c'est-à-dire infuse, bien plus longtemps : autour de 5 minutes, le temps que toute l'eau soit passée à travers le café moulu. Elle se charge ainsi beaucoup plus en caféine.

RÉSULTAT : EN MOYENNE, UNE TASSE CONTIENT 150 MILLIGRAMMES DE CAFÉINE (SOIT 50 % DE PLUS QUE L'EXPRESSO), D'AUTANT PLUS QUE, COMME LE CAFÉ EST CLAIR, ON A TENDANCE À REMPLIR DAVANTAGE LA TASSE !

Il est possible de **PHOTOGRAPHIER** librement la tour Eiffel

FAUX

Quoi de plus naturel que de prendre en photo la Dame de fer ! **Pourtant, à certaines heures, cet acte a priori banal requiert une autorisation.** Comme tout monument, la tour Eiffel est une œuvre (architecturale, en l'occurrence). Elle a un auteur. L'œuvre de ce dernier est protégée par le droit d'auteur tant que celui-ci est vivant et jusqu'à 70 ans après sa mort si des ayants droit sont connus. Le créateur et ses ayants droit ont ainsi un droit sur l'image de l'œuvre pendant toute la durée de cette protection.

Datant de la fin du XIXe siècle, la tour Eiffel n'est plus soumise au droit d'auteur. Ainsi, l'utilisation de **l'image de la tour Eiffel de jour est libre de droit**. Il n'est besoin d'aucune autorisation préalable pour la photographier et publier son image sur quelque support que ce soit.

Mais la nuit, c'est différent !

➡ En effet, depuis 1985, la tour Eiffel est éclairée par 280 projecteurs. De plus, elle scintille toutes les 60 minutes. Un éclairage pensé par un ou plusieurs individus. Une « œuvre », au sens juridique, qui est protégée par le droit d'auteur.

EN THÉORIE, IL FAUDRAIT DONC DEMANDER L'AUTORISATION PRÉALABLE À LA SOCIÉTÉ GESTIONNAIRE DE LA TOUR AVANT DE LA PRENDRE EN PHOTO LA NUIT ET PAYER DES DROITS AFIN DE POUVOIR REPRODUIRE CETTE ŒUVRE SOUS FORME PHOTOGRAPHIQUE.

Au **MONT-SAINT-MICHEL** l'eau monte à la vitesse d'un cheval au galop

FAUX

L'image d'Épinal du cheval courant dans la baie de Saint-Michel au même rythme que la marée montante est si répandue qu'il paraît incongru de questionner sa véracité. **Et pourtant...**

➡ Un cheval au galop va en moyenne à **21 kilomètres par heure**, avec des pointes possibles à 60 kilomètres par heure sur un champ de courses.

En revanche, l'eau à marée montante progresse près du Mont-Saint-Michel de **8 à 10 kilomètres par heure** grâce aux fonds plats de la baie. Sur le reste des côtes françaises, sa vitesse est encore plus basse, proche de seulement 4 ou 5 kilomètres par heure.

Ainsi, on peut l'affirmer, **le célèbre dicton est faux** ! La marée, même dans la baie du Mont-Saint-Michel, ne va pas à la vitesse d'un cheval au galop.

POUR RAPPEL : ON DOIT LES MARÉES À LA GRAVITATION ET À LA POSITION DE LA LUNE DANS LE CIEL PAR RAPPORT À NOTRE PLANÈTE. LORSQU'ELLE PASSE « PRÈS » D'UN OCÉAN, UNE « BOSSE » SE CRÉE ET L'EAU SE RETIRE EN CONSÉQUENCE DES CÔTES : C'EST LA MARÉE BASSE. AU CONTRAIRE, QUAND LA LUNE S'ÉLOIGNE, L'EAU REPREND SA PLACE ET LA MARÉE REMONTE.

Il faut boire **CHAUD** quand on a froid

FAUX

C'est un réflexe naturel. Quand il fait froid, on a tendance à vouloir se réchauffer en buvant une boisson chaude (un thé, un café ou un chocolat chaud). **C'est une mauvaise idée !**

Certes, sur le moment, on ressent une sensation de chaleur, mais elle est immédiatement contrebalancée par un phénomène contre-productif.

➡ En effet, quand elle est bue, la boisson chaude donne aux capteurs qui se trouvent sur la bouche et la langue une fausse information : l'organisme aurait chaud. Résultat, le cerveau réagit immédiatement en ajustant sa température interne et active la transpiration, qui a pour effet de refroidir le corps. Ce qui aboutit au **résultat strictement inverse** à celui recherché.

Que faut-il donc faire ? Boire plutôt froid. Cela donne au corps un signal lui confirmant qu'il doit être réchauffé. Il produira alors un effort supplémentaire pour maintenir sa température, ce qui aura pour effet de le réchauffer naturellement.

CE MÊME PRINCIPE EXPLIQUE POURQUOI LES POPULATIONS VIVANT DANS LE DÉSERT ONT L'HABITUDE DE BOIRE DU THÉ TRÈS CHAUD. IL S'AGIT DU MEILLEUR MOYEN D'ACTIVER NATURELLEMENT LA TRANSPIRATION ET DONC DE RÉDUIRE LA TEMPÉRATURE DE L'ORGANISME.

ÉCOUTER de la musique classique rend plus intelligent

FAUX

Durant l'Antiquité, la musique faisait partie des arts dits « mathématiques » avec l'arithmétique, la géométrie et l'astronomie, tant elle était considérée comme essentielle dans l'apprentissage.

Aujourd'hui, les neurosciences cognitives sont capables de mesurer l'effet de la musique classique sur les capacités intellectuelles. Le fait d'écouter pendant 10 minutes la *Sonate pour deux pianos en ré majeur* de Mozart, par exemple, **améliore les performances liées au raisonnement spatial**. Ce phénomène est connu sous la formule **« l'effet Mozart »**.

Mais cela ne signifie pas que Mozart rende intelligent !

➡ Cette amélioration des performances est dû au plaisir d'écouter une musique, quelle qu'elle soit. **Des stimuli plaisants améliorent la concentration et les résultats.**

LA MUSIQUE CLASSIQUE ÉTANT CELLE QUI MET LE PLUS GRAND NOMBRE D'AUDITEURS DANS UN ÉTAT DE BIEN-ÊTRE ET DE PLAISIR, ON EN A CONCLU, À TORT, QU'ELLE ÉTAIT LE GENRE MUSICAL QUI RENDAIT LE PLUS INTELLIGENT.

URGENCES

Il y a **PLUS** d'accouchements les soirs de pleine Lune

FAUX

Symbole de fertilité, certainement en raison de la similarité de sa lunaison avec le cycle menstruel des femmes, la Lune aurait sur les bébés le même effet que sur les océans : elle les attirerait. D'ailleurs, Mama Quilla, la déesse de la Lune chez les Incas, veillait à la fois sur les femmes mariées et les cycles menstruels !

Mais que dit la science ?

➡ Une étude menée aux États-Unis met à mal cette idée. Après analyse de près de 600 000 naissances sur 5 ans, soit 62 cycles lunaires, les chercheurs ont conclu qu'**il n'existait aucune influence de cet astre sur le nombre d'accouchements**.

En clair, on ne compte pas davantage de naissances les soirs de pleine lune que les autres soirs. Il n'existe aucune preuve d'une quelconque influence de la Lune sur la grossesse.

POURTANT, CETTE IDÉE FAUSSE CONTINUE DE CIRCULER, SANS DOUTE PARCE QUE SI NOUS CONNAISSONS UNE FEMME AYANT ACCOUCHÉ UN SOIR DE PLEINE LUNE, NOUS AVONS TENDANCE À ATTRIBUER LA NAISSANCE À CETTE PHASE DU CYCLE LUNAIRE, FAISANT AINSI D'UN CAS PARTICULIER UNE GÉNÉRALITÉ.

Les gels hydroalcooliques **LAVENT** mieux que le savon

FAUX

Bactérie E. coli, staphylocoques dorés, salmonelles... les bactéries néfastes sont nombreuses. Pour s'en protéger, les hygiénistes recommandent l'usage de gels hydroalcooliques plutôt que celui du savon. Ce que rien ne justifie.

➡ En effet, **les solutions hydroalcooliques** disponibles en pharmacie pour le grand public **ne sont pas plus efficaces que du savon ordinaire**. De nombreuses études scientifiques l'ont démontré.

Au contraire, l'utilisation fréquente de ces gels peut s'avérer dangereuse. On soupçonne le triclosan qu'ils contiennent d'être un perturbateur endocrinien. Certaines études tendent ainsi à montrer que ce type de gel participerait à la dégradation du sperme, aux fausses couches et à l'obésité.

POUR SE LAVER LES MAINS EFFICACEMENT, LA SEULE MÉTHODE RECOMMANDÉE EST DONC CELLE TRÈS CLASSIQUE DE L'EAU (CHAUDE OU FROIDE, PEU IMPORTE) ET DU SAVON ORDINAIRE. IL FAUT EN REVANCHE RÉALISER CE GESTE RÉGULIÈREMENT, PENDANT AU MOINS 20 SECONDES, EN INSISTANT SUR TOUTES LES SURFACES, SANS OUBLIER DE BIEN SE SÉCHER LES MAINS.

Les femmes **ENCEINTES** ont envie de fraises

FAUX

Les femmes enceintes qui ont de subites envies de fraises est un cliché non corroboré par la science. **Les futures mères peuvent avoir envie de tous les aliments**, et pas spécifiquement de fraises.

➡ En effet, près des trois quarts des femmes enceintes, souvent à la fin du premier trimestre, éprouvent des envies particulières. Les aliments les plus désirés sont les suivants : les jus de fruits, les fruits (dont les fameuses fraises), mais aussi les bonbons, les desserts, les produits laitiers et le chocolat.

Ces envies soudaines s'expliquent par des **modifications hormonales** qui rendent les femmes enceintes **plus sensibles aux goûts et aux odeurs**. Les hormones joueraient sur leurs perceptions sensorielles et les pousseraient à privilégier certains produits plutôt que d'autres. Certains médecins pensent que ces variations permettraient aux femmes enceintes de se protéger contre d'éventuels aliments toxiques.

PLUS QUE LE GOÛT, QUI CHANGE POUR UN QUART DES FEMMES, L'ODORAT SEMBLE ÊTRE SURTOUT CHAMBOULÉ. PLUS DE 65 % DES FEMMES DISENT L'AVOIR REMARQUÉ ET AVOIR CHANGÉ LEUR ALIMENTATION POUR S'Y ADAPTER.

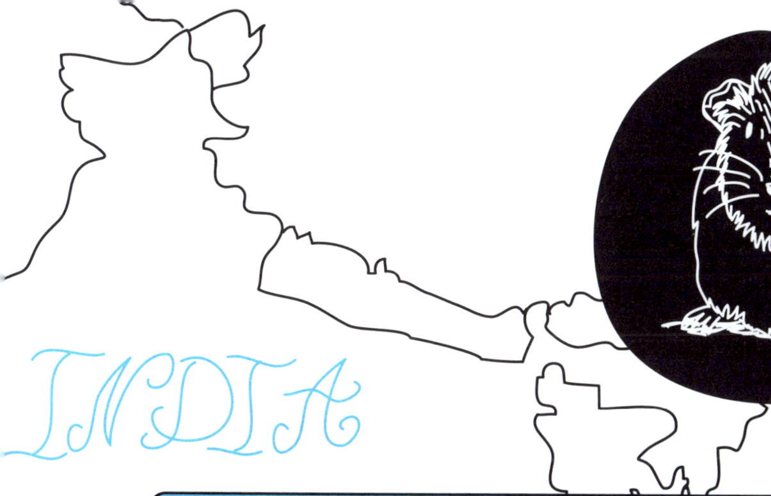

Le COCHON D'INDE vient d'Inde

FAUX

Comme son nom ne l'indique pas, **le cochon d'Inde est originaire d'Amérique centrale et d'Amérique du Sud.**

Comme pour la dinde, Christophe Colomb et les explorateurs qui l'accompagnaient l'ont découvert à la fin du xve siècle en explorant ce qu'ils pensaient être les Indes. De même qu'ils surnommèrent la volaille « la poule d'Inde » (d'où le mot *dinde*), ils donnèrent au petit animal le nom de « cochon d'Inde ».

➡ **Pourquoi l'avoir nommé « cochon » ?** Certainement en raison de ses petits cris et de son corps, tous deux rappelant ceux du cochon.
Les Mayas, Incas et Aztèques avaient l'habitude d'en faire offrande aux dieux. Chez nous, en Europe, il ne connut pas un meilleur sort puisqu'il fut utilisé comme animal de laboratoire, en tant que cobaye.

À NOTER QU'EN ANGLAIS ON DIT « GUINEA PIG » ET NON PAS « PIG FROM INDIA ». AUCUNE EXPLICATION COMPLÈTEMENT VÉRIFIÉE N'EXISTE À CE SUJET. ON DIT QUE LE COCHON D'INDE FUT RAPPORTÉ EN EUROPE EN PASSANT PAR LA GUINÉE, CE QUI AURAIT CONDUIT LA POPULATION À CROIRE QU'IL EN ÉTAIT ORIGINAIRE.

Les POUX vont sur les têtes sales ?

FAUX

Voilà bien une croyance tenace ! Aussi tenace que ce parasite.
Pourtant, la présence de poux n'est pas liée à un manque d'hygiène.
➡ Les poux se nourrissent de sang sur le cuir chevelu. N'importe qui est donc susceptible de leur en apporter. Peu importe le niveau de saleté des cheveux.
Les poux se fichent de la propreté du cuir chevelu, ils s'accrochent simplement aux cheveux qui sont à leur portée, c'est-à-dire très proches. Car autre idée reçue, **les poux ne sautent pas**, ce ne sont pas des puces ! Si les poux aiment les cheveux des enfants, c'est tout simplement parce que la promiscuité à l'école favorise la contamination.
Sur une tête, on les trouve surtout à la base du cheveu et au niveau des zones chaudes et humides. Si on peut en trouver éventuellement dans les sourcils, la moustache ou la barbe, ils sont absents des aisselles ou du pubis.

ENFIN, SACHEZ QUE LES POUX SURVIVENT RAREMENT PLUS D'UN JOUR ET DEMI. ILS MEURENT DE FAIM OU DE DÉSHYDRATATION. QUANT À LEUR REPRODUCTION, ELLE EST RAPIDE ! UN POUX ADULTE POND EN EFFET TOUS LES JOURS ENTRE 4 ET 10 ŒUFS, APPELÉS « LENTES ».

Il est impossible de **SORTIR** d'une voiture immergée

FAUX

Vous avez vu cette scène des dizaines de fois dans des films : un ou plusieurs personnages sont pris au piège dans une voiture en train de couler et meurent sans pouvoir en sortir.

Dans le monde, les morts par noyade dans une voiture représentent plusieurs centaines de personnes par an. **Pourtant, il est tout à fait possible d'y échapper en utilisant la bonne technique.**

➡ **Si la voiture vient de tomber dans l'eau**, il faut entre 30 et 60 secondes pour qu'elle soit entièrement immergée. Pendant ce délai, il ne sert à rien de tenter d'ouvrir la porte. La pression de l'eau est trop grande. **Il faut passer par la vitre.** Les systèmes électroniques sont censés continuer de fonctionner pendant au moins 10 minutes après l'immersion totale de la voiture.

En revanche, **si la voiture est complètement immergée**, elle se remplit d'eau. Dans ce cas, **il faut attendre que l'eau ait rempli presque entièrement l'habitacle**. Les pressions interne et externe étant à peu près identiques, la porte pourra facilement s'ouvrir.

L'IMPORTANT EST DONC DE NE PAS PANIQUER ET DE RETENIR SA RESPIRATION. PLUS FACILE À DIRE QU'À FAIRE !

Il est interdit de se faire **ENTERRER** dans son jardin

FAUX

En France, il est tout à fait possible de se faire enterrer sur sa propriété. **Pour y être autorisé, il faut remplir deux conditions :** que la propriété soit située hors zone urbaine, et que le préfet ait délivré une autorisation.

➡ Pour obtenir cette autorisation, **il faut s'adresser à la préfecture**, avec une copie de l'acte de décès ainsi que l'autorisation officielle de fermeture du cercueil délivrée par un officier d'état civil.

Par ailleurs, pour que la demande puisse être acceptée, il faut que la sépulture se trouve **à 35 mètres minimum de toute habitation**. Le terrain doit également être examiné par un hydrogéologue afin que celui-ci s'assure que l'emplacement est assez **loin de toute nappe phréatique** (pour éviter tout risque de contamination).

Si ces conditions sont respectées, la famille pourra obtenir un droit individuel d'inhumer dans sa propriété.

SI LE TERRAIN EST VENDU, LA SÉPULTURE AINSI QUE LE CHEMIN PERMETTANT D'Y ACCÉDER NE SERONT PAS CONCERNÉS PAR LA VENTE. IL SERA DÉFENDU DE DÉTRUIRE, MODIFIER OU DÉPLACER LA TOMBE.

Un **MARATHON** fait 42,195 km à cause de la distance entre Marathon et Athènes

FAUX

La distance mythique de 42,195 km courue lors de tous les marathons du monde **ne vient pas de l'Antiquité mais de la famille royale d'Angleterre** !

➡ Le marathon apparaît lors des premiers Jeux olympiques modernes en 1896, à Athènes, conformément aux vœux de Pierre de Coubertin. À l'époque, l'épreuve consiste à courir 40 kilomètres, ce qui représente la distance entre le champ de bataille de Marathon et le stade d'Athènes. **Mais, en 1908, cette distance va être allongée.** Cette année-là, les Jeux se déroulent à Londres. Pour permettre à la famille royale de profiter de l'épreuve du marathon, on place le départ sous les terrasses du château de Windsor. Quant à l'arrivée, on décide qu'elle se fera au pied de la loge royale, dans le stade olympique.
Or, quelle distance sépare ces deux points ? Précisément 42,195 km.
PAR LA SUITE, ON NE CHANGEA PLUS JAMAIS LA LONGUEUR OFFICIELLE.

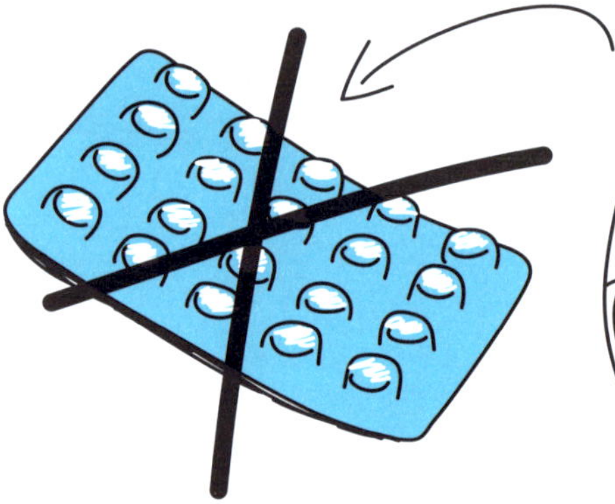

L'ALCOOL annule l'effet des antibiotiques

FAUX

Dans la plupart des cas, l'alcool n'interagit pas avec ce type de médicaments. D'ailleurs, les notices de beaucoup d'antibiotiques ne comportent **pas d'avertissements particuliers** en ce sens.

→ La consommation d'alcool n'est pas particulièrement conseillée, mais **le risque réel d'interactions graves est très faible**.

Au pire, on peut noter quelques réactions désagréables avec certains antibiotiques. Ainsi, le métronidazole, le tinidazole, le triméthoprime et le sulfaméthoxazole ne doivent pas être mélangés à de l'alcool, sous peine de provoquer des maux de tête, une baisse de la tension artérielle, des palpitations, des nausées, de la transpiration, des bouffées de chaleur et des rougeurs.

PLUS GÉNÉRALEMENT, MIEUX VAUT ÉVITER LA CONSOMMATION DE BOISSONS ALCOOLISÉES SI L'ON EST MALADE : QUAND L'ORGANISME LUTTE CONTRE UNE INFECTION, L'ALCOOL PEUT INTERAGIR AVEC DE NOMBREUX MÉDICAMENTS ET IRRITER LA PAROI ABDOMINALE DÉJÀ FRAGILISÉE.

Il faut changer son **MATELAS** tous les 10 ans

FAUX

L'instruction donnée via **la publicité est un mensonge** : les matelas ne s'usent pas au point qu'il faille en changer tous les 10 ans.

Une étude portant sur les matelas a été réalisée afin de vérifier la pertinence de cette injonction si fréquente. Les résultats des tests de vieillissement accéléré contredisent bien la règle des 10 ans.

➡ En effet, à l'issue de cette étude, les ressorts ne se faisaient pas particulièrement sentir et l'usure d'un seul matelas sur 11 rendait non pas « nécessaire » mais « possible » son remplacement.

La plupart des matelas des nombreuses marques testées conservaient intactes au bout d'une décennie leurs performances initiales. Ils offraient le même confort et ne s'affaissaient aucunement au point de devoir être changés.

POUR PROLONGER ENCORE LEUR DURÉE DE VIE, PROTÉGEZ-LES AVEC UN COUVRE-MATELAS, PASSEZ L'ASPIRATEUR LORSQUE VOUS CHANGEZ LES DRAPS ET FAITES-LES PIVOTER DE LA TÊTE AU PIED TOUS LES 3 À 6 MOIS.

Les **PATTES D'EPH'** datent des années 1970

FAUX

Même si les origines précises des « pattes d'eph' » sont incertaines, on les fait généralement remonter à **une pratique ayant eu cours dans la marine américaine au début du XIXe siècle**.

➡ C'est un tailleur et ancien marin installé à New York qui créa la première marque de « pattes d'eph' », appelée **Seafarer**. Ses jambes évasées vers le bas avaient l'avantage, pour les marins, de pouvoir être facilement roulées pour marcher dans l'eau ou laver le pont. Une fois mouillé, le pantalon s'enlevait aussi plus facilement. Enfin, en cas de naufrage, les pattes d'éléphant se gonflaient en laissant entrer une colonne d'air au moment de sauter du navire en perdition, et elles facilitaient ainsi la flottaison.

On trouve une référence aux pattes d'eph' dans la chanson d'Aristide Bruant *Belleville-Ménilmontant* qui date de 1892, dans laquelle les pantalons sont « *minces des genoux et larges des pattes* ». En 1926, dans sa chanson *C'est chic les longs pantalons*, Mistinguett utilise l'expression « pattes d'éléphant » pour désigner des pantalons à la mode dans les années 1920.

LES PATTES D'EPH N'ONT DONC EU QU'UN REGAIN DE POPULARITÉ DANS LES ANNÉES 1970 GRÂCE AU MOUVEMENT HIPPIE DE LA CONTRE-CULTURE.

Il est possible de **COURIR** sur le toit d'un TGV en marche

FAUX

Même si on voit souvent cette scène au cinéma, il est en réalité **impossible de courir sur le toit d'un TGV roulant à pleine vitesse**.

➡ **Le principal obstacle est le vent**, celui que crée le déplacement du train. Pour avoir une idée de la force qu'il peut engendrer, pensez à celle qui pousse en arrière votre main quand vous la passez, en voiture, par la vitre. Cette force est proportionnelle à la surface de l'obstacle : la main par la vitre, ou le corps sur le train.

Le corps d'un homme d'une taille et d'un poids moyens est de 2 mètres carrés. À 100 kilomètres par heure, si 30 % de cette surface subit la pression du vent, le corps subit une poussée de 35 kilos.

Mais un TGV roule bien plus vite que cela. Il atteint régulièrement 320 kilomètres par heure sur les lignes à grande vitesse. Or, à 300 kilomètres par heure, la poussée est déjà de 300 kilos. Impossible alors de marcher, et encore moins de courir sur le toit d'un train en marche. **EN EFFET, ON CONSIDÈRE QU'IL DEVIENT TRÈS DIFFICILE DE TENIR DEBOUT À PARTIR DE 100 KILOMÈTRES PAR HEURE.**

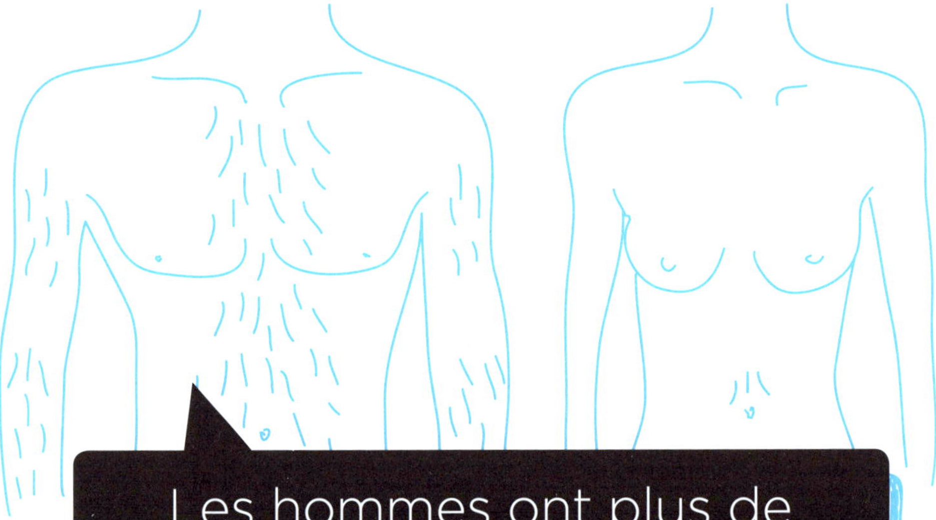

Les hommes ont plus de **POILS** que les femmes

FAUX

À première vue, les hommes ont une pilosité plus abondante que les femmes. En réalité, tous les êtres humains adultes ont à peu près **le même nombre de follicules pileux sur le corps**, soit 5 millions. **Chez les femmes, ils sont simplement moins visibles.**

➡ Si la plupart des femmes présentent le même nombre de poils qu'un homme, chez ces derniers les hormones (en particulier la testostérone) les font se développer plus rapidement, et de façon plus foncée. À l'œil nu, on a donc l'impression que ces messieurs sont plus poilus.
Chez les femmes, les poils restent le plus souvent **sous la forme de duvet**. Ils sont bien présents partout sur le corps (ventre, poitrine, visage) mais on les voit beaucoup moins.

CEPENDANT, LA DENSITÉ DE POILS VARIE SELON LES PERSONNES ET CERTAINES FEMMES PEUVENT ÊTRE TRÈS POILUES, VOIRE ATTEINTES D'HIRSUTISME, C'EST-À-DIRE PRÉCISÉMENT L'APPARITION D'UNE PILOSITÉ DE TYPE MASCULIN, DANS DES ZONES NORMALEMENT GLABRES CHEZ LA FEMME, COMME LE VISAGE, LE COU, OU LE THORAX.

Le **THÉ** est servi de haut pour faire joli

FAUX

Dans certains pays orientaux, on sert systématiquement le thé en levant la théière très haut, parfois 1 mètre au-dessus de la tasse. Une pratique assez dangereuse puisque l'eau est souvent bouillante.

On pourrait d'abord croire qu'il s'agit d'un acte purement esthétique, mais pas du tout. **Cette technique est utilisée dans un seul but : faciliter la digestion.**

➡ Pour faire du thé, il faut faire bouillir de l'eau. Mais, ce faisant, elle perd une partie de son oxygène. Or, une boisson faite avec une telle eau peut être très difficile à digérer pour l'estomac. Surtout si, comme le thé, elle est légèrement acide.

En faisant couler le thé de très haut, on l'oxygène. Dans sa course, le liquide capte de l'air : il se réoxygène. À tel point que des bulles peuvent apparaître quand l'eau atteint la tasse. Ainsi oxygénée, l'eau très chaude reste digeste !

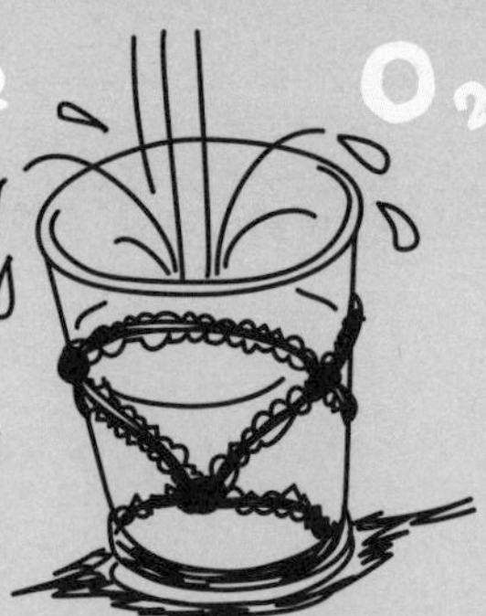

PAR AILLEURS, LE FAIT DE TRANSVASER LE THÉ PLUSIEURS FOIS DE VERRE EN VERRE PERMET D'INTRODUIRE À NOUVEAU DE L'AIR DANS LE THÉ ET DE L'OXYGÉNER ENCORE.
DE PLUS, L'OXYGÈNE RÉAGIT AVEC LES SUBSTANCES ODORANTES DE LA MENTHE ET RENFORCE SON PARFUM.

Léonard de Vinci est mort dans les bras de FRANÇOIS Ier

FAUX

Peintre, ingénieur, mathématicien, musicien, poète et architecte... Léonard de Vinci est un génie universel qui a fait progresser de nombreux domaines.

Parmi les nombreux mythes qui entourent l'auteur de deux des plus célèbres toiles au monde, *La Joconde* et *La Cène*, figure celui relatif à sa mort. Alors âgé de 67 ans, Léonard de Vinci serait, selon la légende, décédé dans les bras de son protecteur, François Ier.

➡ **Cette idée fausse date du XVIe siècle**, quand son premier biographe, **Giorgio Vasari**, décrit de la sorte les derniers instants du génie. Plus tard, des peintres représenteront sa mort de façon identique, comme Ingres avec *La Mort de Léonard de Vinci*, un tableau peint en 1818 aujourd'hui conservé au Petit Palais à Paris.

Malheureusement, les choses se sont certainement déroulées différemment, car au moment du décès de Léonard de Vinci à Amboise, le roi François Ier se trouvait au château de Saint-Germain-en-Laye.

CONFORMÉMENT À SES DERNIÈRES VOLONTÉS, LÉONARD DE VINCI FUT ENTERRÉ À AMBOISE.

Les ÉTOILES du drapeau européen représentent 12 pays membres

FAUX

L'Union européenne a plusieurs symboles officiels : un hymne, une fête, une devise et un drapeau. Ils ne remplacent pas les symboles nationaux, mais s'y ajoutent.

Le drapeau de l'Union européenne est constitué d'un cercle de 12 étoiles dorées pointant vers le haut, sur fond bleu. Plusieurs autres drapeaux avaient été proposés, parmi lesquels celui composé d'un grand E vert sur fond blanc.

Contrairement à la légende, **les 12 étoiles ne correspondent pas au nombre d'États membres**, comme c'est le cas sur le drapeau des États-Unis.

→ En 1952, le Français **Arsène Heitz**, chargé du courrier au Conseil de l'Europe, fait sa proposition : un cercle de 12 étoiles d'or sur un fond bleu ciel. Il puise son inspiration dans **l'Apocalypse de saint Jean**, où l'apôtre évoque l'apparition de la Vierge Marie (symbolisée par la couleur bleue) portant une couronne de 12 étoiles.

En 1955, le drapeau est adopté.

LE NOMBRE 12 SERAIT LE NOMBRE PARFAIT, À LA FOIS SYMBOLE D'UNITÉ, DE SOLIDARITÉ ET D'HARMONIE ENTRE LES PEUPLES.

Il n'y a pas de **DIFFÉRENCE** entre l'art moderne et l'art contemporain

FAUX

L'art moderne et l'art contemporain sont distincts dans l'histoire de l'art. Ils se succèdent.

➡ On fait généralement débuter l'art moderne aux alentours de 1870 avec la période initiée par Édouard Manet et les impressionnistes, et on estime que les années 1960 marquent sa fin.

L'art moderne est marqué par la rupture avec le classicisme et la diversité des moyens utilisés pour créer. Avec l'impressionnisme, mais aussi le cubisme ou le surréalisme, il repose sur la transgression des règles de la représentation classique.

Le pop art marquerait la transition avec l'art contemporain. En effet, à partir de cette période commence l'art contemporain, qui dure jusqu'à aujourd'hui. Ce mouvement regroupe tous les styles de la création artistique. Il transgresse la notion même d'œuvre d'art puisque, par exemple, l'œuvre peut ne pas être produite par la main de l'artiste.

CERTAINS ARTISTES ONT PU ÊTRE À CHEVAL SUR CES DEUX COURANTS, COMME PABLO PICASSO.

Faire craquer ses **DOIGTS** donne de l'arthrose

FAUX

Si faire craquer vos doigts un à un vous détend, **vous pouvez continuer sans crainte** !

Les rhumatologues et spécialistes de l'arthrose vous le confirmeront, le bruit des articulations qui craquent n'est pas pathologique et n'augmente pas le risque de développer de l'arthrose.

➡ En effet, plusieurs études vont dans ce sens. L'arthrose et le craquage de doigts ne concernent **pas les mêmes articulations**.

Si l'arthrose concerne les articulations du milieu, celles qui « craquent », sont celles à la base du doigt.

Les vrais facteurs de risque de l'arthrose sont donc surtout le vieillissement, l'obésité et, chez les femmes, la carence en œstrogènes due à la ménopause.

À NOTER QUE LE CRAQUEMENT S'EXPLIQUE PAR UN PHÉNOMÈNE DE CAVITATION. EN TIRANT SUR LE DOIGT, ON MODIFIE LA PRESSION DANS LES ARTICULATIONS ET ALORS SE CRÉE UN APPEL D'AIR. CETTE MODIFICATION DES PROPRIÉTÉS GAZEUSES GÉNÈRE LE BRUIT DU CRAQUEMENT.

Les **DINOSAURES** étaient des animaux à sang froid

FAUX

Les scientifiques ont débattu de la température du sang des dinosaures depuis leur découverte. Dès le XIXe siècle la théorie dominante est que ces animaux avaient le sang chaud compte tenu de leur physiologie.

Pourtant, l'idée que leur sang était froid s'est répandue dans la population. Cette idée fausse ne signifie pas pour autant que les scientifiques du XIXe siècle avaient raison.

Ces animaux n'étaient, comme le thon, la plupart des requins et certaines tortues, **ni « ectothermes »** (c'est-à-dire à sang froid, chauffé par la température ambiante), **ni « endothermes »** (soit à sang chaud, chauffé de l'intérieur), **mais « mésothermes »**.

➡ Cela signifie qu'**ils appartenaient à une catégorie intermédiaire**. Pas totalement endothermes, ils brûlaient de l'énergie de l'intérieur afin de réguler leur température. Ils pouvaient donc élever leur température interne en fonction de l'environnement, contrairement aux mammifères qui ont une température constante.

CELA EXPLIQUE POURQUOI LES PLUS GRANDS DINOSAURES, COMME LE TYRANNOSAURUS REX, ONT PU EXISTER. EN EFFET, S'ILS AVAIENT EU LE SANG CHAUD, IL LEUR AURAIT FALLU CONSOMMER DES QUANTITÉS DE NOURRITURE TROP IMPORTANTES POUR PARVENIR SIMPLEMENT À MAINTENIR LEUR TEMPÉRATURE.

L'intuition féminine EXISTE

FAUX

La capacité à interpréter avec une grande acuité les comportements d'autrui, les expressions faciales comme les intonations, n'est **pas strictement féminine**.

Les femmes ayant longtemps été considérées comme plus émotives et empathiques que les hommes, cette idée reçue s'est pourtant installée dans la société.

On a même dit que cette intuition leur viendrait du fait d'avoir eu à anticiper longtemps seules les besoins de leurs enfants, avant même qu'ils ne puissent s'exprimer.

On avance également que les femmes présentent de plus fortes connexions entre les deux hémisphères de leur cerveau, ce qui leur permettrait une meilleure intelligence émotionnelle.

Tout cela est faux.

➡ Pour le montrer, en 2005, un psychologue anglais, **Richard Wiseman**, organisa une expérience consistant à montrer des photos de personnes souriant de manière sincère ou forcée à des hommes et des femmes devant se prononcer sur leur sincérité. Résultat, les femmes ont eu juste à 71 %. Les hommes à 72 %.

PAS DE TRACE D'INTUITION FÉMININE ! OU ALORS, IL FAUT RECONNAÎTRE UNE INTUITION MASCULINE TOUT AUSSI PERFORMANTE.

Plus on est **JEUNE**, plus on est optimiste

FAUX

L'optimisme est considéré à tort comme l'apanage de la jeunesse. Les jeunes, avec la vie devant eux et des possibilités infinies, seraient bien plus enthousiasmés par l'avenir que les plus âgés, revenus de tout, frustrés ou aigris. **La réalité est bien différente, et même inverse !**

➡ Une étude américaine a en effet montré que l'optimisme était au plus bas au début de l'âge adulte et atteignait son **apogée autour de 55 ans**, tout comme d'ailleurs l'estime de soi et la satisfaction de la vie. D'ailleurs, curieusement, les événements de vie plus négatifs ne conduisent pas nécessairement à une attitude plus pessimiste. **Seuls les événements positifs ont une influence** apparente sur l'optimisme d'une personne.

Nous avons donc tendance à développer une vision plus optimiste du monde au fur et à mesure des événements positifs qui nous arrivent : un diplôme, un amour, une augmentation de salaire.

TOUS CES ÉVÉNEMENTS POSITIFS FONT AUGMENTER NOTRE OPTIMISME SANS QUE LES ÉVÉNEMENTS NÉGATIFS VIENNENT MODIFIER CETTE TENDANCE.

Il faut **DORMIR** la tête au nord

FAUX

Certaines croyances ancestrales issues des principes du **feng shui** voudraient que la position du corps par rapport au champ magnétique terrestre ait une influence sur la qualité du sommeil.
La ligne de force de ce champ passant à la verticale par les pôles Nord et Sud, il serait recommandé de placer la tête du lit vers le nord pour mieux dormir.
Pourtant, à l'inverse des Chinois, les Japonais évitent, eux, de dormir dans cette direction, car au Japon, c'est ainsi qu'on oriente les morts.
➡ Jusqu'à aujourd'hui, aucune étude scientifique n'a jamais pu valider aucune de ces théories. Le sens et la direction du corps dans le lit n'ont **aucun effet sur la qualité du sommeil**.

SI VOUS VOUS INTÉRESSEZ TOUT DE MÊME AU FENG SHUI, SACHEZ QUE SELON CETTE CROYANCE MYSTIQUE CHINOISE, IL FAUT PAR AILLEURS SUPPRIMER LES ÉTAGÈRES AU-DESSUS DE LA TÊTE DU LIT ET NE RIEN DISPOSER EN DESSOUS, EN FAISANT ATTENTION DE NE PAS ACCROCHER DE MIROIR DANS LEQUEL VOUS POURRIEZ VOUS VOIR LORSQUE VOUS ÊTES COUCHÉ.

Les petits trous sur les **CONVERSE** servent à aérer les pieds

FAUX

En 1908, Mills Converse crée une société dans le Massachusetts, près de Boston, dans le but de produire des vêtements de sport. Son nom : la Converse Rubber Shoe Company, en référence au nom de sa mère, « Converse ». En 1915, il lance la fabrication d'une paire de chaussures de tennis et en 1917, la Converse All Star est née. Or, si vous observez une paire de Converse, vous verrez que chaque chaussure présente deux petits trous latéraux.

Servent-ils à faire respirer le pied ? Pas du tout !

➡ Grâce aux lacets, ils permettent d'ajuster parfaitement la chaussure au plus près de la cheville. Ces petits trous servent donc à mieux **maintenir le pied et éviter les entorses**. Pour cela, il faut suivre une technique de laçage précise : d'abord retirer les deux premiers rayons de lacets, puis glisser l'embout de votre lacet en boucle dans le premier trou latéral opposé, puis l'autre, et finir de lacer les chaussures normalement.

ESSAYEZ ET VOUS VERREZ QUE VOTRE PIED GLISSERA BEAUCOUP MOINS.

Les **POISSONS** n'ont pas d'odorat

FAUX

Les poissons sentent ce qui les entoure dans l'eau. **Leur odorat est même très développé !**

➡ En effet, ces animaux peuvent détecter les **molécules odorantes** dans l'eau, exactement comme les hommes le font pour celles qui se trouvent dans l'air. Leur système olfactif leur permet de détecter des odeurs très légères, et pour certaines espèces de très loin. Par exemple, même à plusieurs centaines de mètres, les requins peuvent sentir l'odeur du sang.

Grâce à leur odorat, certains poissons détectent également des signaux sociaux émis par leurs congénères. Ainsi, ils peuvent détecter la **« substance d'alarme »**, une molécule émise par la peau de certains poissons quand ils sont blessés.

MAIS DE NOS JOURS, LES NIVEAUX D'ÉMISSIONS DE CO_2 SONT TELS QUE L'ODORAT DES POISSONS POURRAIT À L'AVENIR ÊTRE PERTURBÉ. UNE ÉTUDE BRITANNIQUE INDIQUE QUE SI LES ÉMISSIONS DE CARBONE CONTINUENT DE CROÎTRE, L'ODORAT DES POISSONS SERA ATTEINT DANS 75 ANS.

LA MARSEILLAISE est née à Marseille

FAUX

Nommée à l'origine *Chant de guerre pour l'armée du Rhin*, *La Marseillaise* n'a pas vu le jour dans la cité phocéenne.

➡ Alors que la France entre en guerre contre l'Autriche, un compositeur jurassien écrit, dans la nuit du 25 au 26 avril 1792, un hymne censé galvaniser les troupes. **À Strasbourg**, ce capitaine du génie en poste, **Rouget de Lisle**, élabore et fait chanter, pour la première fois, les paroles de ce chant condamnant les tyrans des nations étrangères.

Composé de 6 strophes, il se nomme *Chant de guerre pour l'armée du Rhin*. Néanmoins, cette appellation est rapidement supplantée par celle de *Marseillaise*, lorsque, trois mois plus tard, des fédérés marseillais viennent prêter main-forte aux révolutionnaires de la capitale pour prendre le palais des Tuileries.

UTILISÉE COMME CHANT DE MARCHE, LA COMPOSITION DE ROUGET DE LISLE GAGNE UN NOUVEAU COUPLET, AVANT D'ÊTRE REBAPTISÉE « CHANT DE GUERRE DES ARMÉES AUX FRONTIÈRES », PUIS FINALEMENT « LA MARSEILLAISE », PAR DES PARISIENS RECONNAISSANTS ENVERS LEURS ALLIÉS MÉRIDIONAUX.

Notre **POIDS** est le même partout sur Terre

Alors que notre masse ne change pas quel que soit l'endroit où nous nous trouvons sur la planète, **notre poids, lui, n'est pas identique en tous points**.

➡ En effet, comme la Terre n'est pas parfaitement sphérique, la gravité est différente selon l'endroit où nous nous trouvons. Notre planète est patatoïde, c'est-à-dire qu'elle a la forme d'une boule avec de petits creux et de légères bosses, un peu aplatie aux pôles. Son diamètre est de 12 712 kilomètres aux pôles, contre 12 756 kilomètres à l'équateur. Ce qui signifie que l'on est 22 kilomètres plus près du centre de la Terre quand on se trouve aux pôles par rapport à l'équateur.
Ainsi, on peut peser 0,5 % de plus ou de moins en fonction du lieu où l'on se trouve.

LA TERRE ÉTANT EN ROTATION AUTOUR D'UN AXE QUI VA DU PÔLE NORD AU PÔLE SUD, LORSQUE L'ON EST À UN DE CES PÔLES, ON NE BOUGE PAS, OU PLUS PRÉCISÉMENT ON TOURNE SUR PLACE. PAR CONTRE, À L'ÉQUATEUR ON SE DÉPLACE À 1,670 KM/H. S'EXERCE ALORS UNE FORCE CENTRIFUGE (C'EST-À-DIRE DIRIGÉE VERS L'EXTÉRIEUR) QUI RÉDUIT NOTRE POIDS.

Il fait **CHAUD** en été parce que la Terre est plus proche du Soleil

FAUX

Les différences de température au cours des quatre saisons ne sont pas causées par une variation de la distance séparant la Terre du Soleil. Pourtant, selon la croyance populaire, les température chaudes estivales s'expliqueraient bien par une plus courte distance à ce moment de l'année entre les deux astres.

En réalité, l'été de l'hémisphère Nord est au contraire le moment où notre planète est le plus loin du Soleil !

➡ L'alternance des saisons est donc due à un autre phénomène : **l'inclinaison de la Terre**. La Terre est inclinée sur son axe de 23,4°.

La combinaison de cette inclinaison et de la révolution de la Terre autour du Soleil **influe sur le niveau d'ensoleillement**.

Lorsqu'une zone sur Terre se trouve être perpendiculaire par rapport au rayonnement solaire, elle reçoit plus de radiations et la température relevée dans cette zone est plus élevée.

L'HÉMISPHÈRE NORD ÉTANT INCLINÉ VERS LE SOLEIL EN JUILLET, LES JOURS SONT DURANT CE MOIS À LA FOIS PLUS LONGS ET PLUS CHAUDS. AU CONTRAIRE, DANS L'HÉMISPHÈRE SUD CE PHÉNOMÈNE EST OBSERVÉ EN JANVIER.

LIRE dans le noir abîme les yeux

FAUX

Combien de fois avez-vous entendu dire qu'il ne fallait pas lire dans l'obscurité sous peine d'abîmer gravement vos yeux ?

Pourtant, lire avec une faible source de lumière n'entraîne pas de maladie affectant la vision. Aucun risque de glaucome ni de dégénérescence maculaire à la clé. Aucune détérioration de la rétine. Cette pratique ne vous rendra pas non plus myope. En tout cas, pas davantage que de lire en plein jour.

➡ En revanche, il est exact que **lire dans le noir fatigue les yeux**. Comme le clignement des paupières est moins fréquent, les yeux se dessèchent, ce qui donne l'impression d'une difficulté à lire, avec à la clé une migraine, tout au plus. Mais cette conséquence n'est heureusement que temporaire.

DE MÊME, IL EST FAUX D'AFFIRMER QUE LIRE SUR ÉCRAN ENDOMMAGE LA VUE. LÀ ENCORE, CE MODE DE LECTURE ACCROÎT SEULEMENT LE RISQUE DE FATIGUE ET DE SÉCHERESSE OCULAIRE.

Le slogan « CRS SS » date de mai 1968

FAUX

Si le slogan « CRS SS » est devenu populaire au cours des événements de Mai 68, ses origines sont bien plus anciennes. **Elles remontent à l'immédiate après-guerre.**

➡ Ainsi, trois ans après l'armistice, la journaliste **Simone Téry** titre « CRSS » un article de *L'Humanité* du 5 novembre 1948 couvrant la grève des mineurs qui a démarré le 4 octobre de la même année.

Les nouvelles Compagnies républicaines de sécurité (CRS) répriment alors durement les travailleurs des mines qui s'opposent aux décrets Lacoste qui précarisent leur emploi.

Les « gueules noires » déclenchent **une grève massive**, où l'effectif des contestataires atteint les 340 000 personnes. Face à elles, les forces de l'ordre mobilisées par **Jules Moch**, alors ministre de l'Intérieur, tirent à **balles réelles**, allant même jusqu'à tuer plusieurs manifestants.

LA FRANCE OUVRIÈRE ÉTANT ENCORE MARQUÉE PAR L'OCCUPATION ALLEMANDE, IL NE LUI EN FAUT PAS PLUS POUR FAIRE RIMER LES TERMES CRS ET SS.

NÉRON a incendié Rome

FAUX

Le 18 juillet de l'an 64, Rome est victime d'un tragique incendie qui dura de nombreux jours. Des milliers d'habitations, bâtiments publics et monuments anciens sont détruits.

➡ Certains rapportent en effet que Néron aurait incendié volontairement sa capitale pour pouvoir la reconstruire et bâtir une **Néropolis**. Mais d'autres, parmi lesquels Tacite, sont beaucoup plus prudents. Ils font savoir qu'on ignore si la catastrophe est due au hasard ou non, soulignant que **Néron était absent quand le feu s'est déclenché**.
Pourtant, même si Néron prit toute une série de mesures pour porter secours aux victimes, le bruit de sa culpabilité se répand. Aussi, la rumeur court que l'empereur, en costume de théâtre, aurait, face à la ville en feu, chanté sur le thème de la prise de Troie, envoûté par la beauté des flammes.
Cependant, le consensus des historiens est aujourd'hui tout autre. On considère que **les origines du feu sont accidentelles, au cœur d'un été 64 particulièrement chaud**.

SI L'INCENDIE OFFRIT À NÉRON L'OCCASION DE REMODELER ROME, CELA NE SIGNIFIE PAS QU'IL EN EUT L'INITIATIVE.

INTERNET et le WEB sont deux choses identiques

FAUX

Si vous pensez qu'Internet et le Web se confondent, détrompez-vous !

➡ **Internet est un réseau informatique mondial**, c'est-à-dire une infrastructure globale, basée sur le protocole IP, sur laquelle s'appuient différents services, dont le Web.

➡ **Le Web, c'est-à-dire le World Wide Web, est donc simplement un système qui permet de naviguer** de page en page en cliquant sur des liens dans un navigateur.

Pour résumer : Internet est le réseau, l'infrastructure ; le Web est un service sur ce réseau. **Internet pourrait exister sans le Web, mais pas l'inverse.**

ARPANET, C'EST-À-DIRE L'ANCÊTRE D'INTERNET, A VU LE JOUR EN 1967, ALORS QUE LE WEB, COMPRIS COMME UN MOYEN DE NAVIGUER À L'AIDE DE LIENS HYPERTEXTES, DATE DE 1989. QUANT AU PREMIER NAVIGATEUR GRAPHIQUE, IL A VU LE JOUR 3 ANS PLUS TARD.